科技创新引领产业技术发展系列丛书

智能可穿戴产业发展报告

北京生产力促进中心　编著

科 学 出 版 社
北 京

内 容 简 介

智能可穿戴设备已经成为一个新兴的产业，是全球关注的焦点。本书全面分析了国内外的产业发展形势、技术发展概况以及从事该行业的产业链布局，提出了产业发展建议。

本书可供机械、电子、信息、制造等行业的科技人员参考，也可供热心关注智能可穿戴领域发展的人士，尤其是当前全国正在开展智能可穿戴设备研究生产的单位参阅。

图书在版编目（CIP）数据

智能可穿戴产业发展报告 / 北京生产力促进中心编著 . —北京：科学出版社，2014

（科技创新引领产业技术发展系列丛书）

ISBN 978-7-03-042789-2

Ⅰ．①智⋯ Ⅱ．①北⋯ Ⅲ．①移动通信－高技术产业－研究报告－世界 Ⅳ．① F416.63

中国版本图书馆 CIP 数据核字（2014）第 295968 号

责任编辑：刘思佳 / 责任校对：马英菊
责任印制：吕春珉 / 设计制作：金舵手世纪

科 学 出 版 社 出版

北京东黄城根北街16号
邮政编码：100717
http://www.sciencep.com

北京中科印刷有限公司印刷
科学出版社发行　　各地新华书店经销

*

2014年12月第 一 版　　开本：B5（720×1000）
2014年12月第一次印刷　　印张：11
字数：220 000

定价：80.00元
（如有印装质量问题，我社负责调换 ＜中科＞）

销售部电话 010-62134988　编辑部电话 010-62135120-8009（VZ02）

序

　　谷歌（Google Glass）是被大家最为熟知的智能可穿戴设备研发企业，微软的智能眼镜正在研发，苹果、三星、谷歌的智能手表也即将问世，这些 IT 巨头的争相加入，无疑将给智能可穿戴设备领域带来充分竞争和发展动力。云计算、物联网、移动互联网络等概念的迅速普及及各种应用的不断出现，让大家对智能可穿戴的相关产品及其应用的接受度也迅速提升。

　　智能可穿戴设备将是信息领域下一波创新的起点。云计算架构的出现将使设备更为便携易用，前端设备将越来越"轻"，后端信息处理中心将越来越"重"，智能可穿戴设备便是终端"轻"化的产物。它既可以帮助人类记录信息及随时调取信息，又可以增强人类对自身身体情况和外界环境的感知能力；它将进一步解放人类的双手，扩展人类的视野，强化人类之间的联系，并以其便捷、高效的特性引领下一波科技创新大潮。

　　到目前为止，智能可穿戴设备主要应用于医疗保健、工业、军事和信息娱乐等领域，熟知的产品有谷歌眼镜、三星 Galaxy Gear、索尼 SmartWatch SW2 和 Misfit 的智能手环 Shine 等。新的应用将不断扩展，如我国元心公司即将推出融入 NFC 技术、可作为"一卡通"的智能手表。可以预期，随着众多的人机交互技术和传感器的发展，将会出现更加丰富多彩的、过去只在科幻作品中出现的智能可穿戴产品。

智能可穿戴设备产业目前处于发展的早期阶段，我国经过多年的发展，在技术、人员和市场等方面都具有一定优势，应当抓住机遇，打造一个与我国过去的 PC 产业和手机产业有所不同的产业。例如，在 Wintel 架构的 PC 产业链中，2013 年占据 PC 价值链高端的微软和英特尔，其利润分别为 219 亿美元和 96 亿美元，而处于价值链低端的联想，虽然是最大的 PC 销售商，其利润 6.35 亿美元，仅为前两家总和的 2%。又如，2013 年我国手机产量达 14.6 亿部，占全球出货量的 81.1%，但全国手机企业的利润均值小于 0.5%。高通垄断了手机芯片市场，在 WCDMA、LTE 芯片市场，其份额分别为 56% 和 96.7%，我国厂商要按照高通单方宣布的专利许可费率，将手机零售价的 5% 交给高通。上述数据表明，我国这两个产业由于操作系统和芯片等关键核心技术受制于人，因而基本上不能自主，产业链不够完整，附加值也很低。可喜的是，今天在智能可穿戴领域，我国企业已能打破外国跨国公司在操作系统和芯片方面的垄断，这样，就有可能获得一定的自主发展的空间，也能构建较完整的产业链并取得较高的附加值。希望我国新兴的智能可穿戴设备产业成为我国向制造强国迈进的一个重要标志。

本书总结了目前国内外整个行业的产品、技术等发展状况，也分析了产业发展的瓶颈，并提出了切实可行的建议，对行业人士具有很好的借鉴作用，也能够让消费大众全面了解该行业的整体状况。

中国工程院院士

中国科学院计算所研究员

前　言

　　智能可穿戴设备是随着电子器件超微型化以及多种前瞻的计算模式、微电子技术和通信技术的不断涌现应运而生的，是基于信息通信技术、电子芯片技术、软件技术和"以人为本"设计理念的产物，运用识别、传感、连接、云端交互、存储、柔性显示等可穿戴技术来实现人体健康辅助治疗、人体运动监测、生活娱乐等功能。

　　它可以利用传感器、射频识别 RFID 、全球定位系统 GPS 等信息传感设备，接入移动互联网，实现人与物随时随地的信息交流。与传统电子设备相比较，智能可穿戴设备具有方便携带和交互性好等优点，在现有智能手机和计算机竞争白热化的市场环境下，智能可穿戴设备显现出巨大优势，并在产业界掀起巨大研究、开发和生产浪潮。作为正在发展的新型设备，智能可穿戴设备的内涵、架构、形态和功能均在不断演化。目前已经广泛应用于医疗卫生、休闲娱乐、生活服务、军事、工业等领域。

　　从智能可穿戴设备本身来看，不仅带来设备硬件形态上的物理变化，也将带来新的人机交互方式，传感器、语音操控、骨传导、手势控制、眼球追踪等一系列技术的新集成应用，将会带来自触摸屏多点触控操作之外又一次人机交互的重大变革，越来越与人随身佩带的工具，如眼镜、手表、智能相机、智能服装、运动追踪器等紧密结合起来，这势必会带来整个网络服务形态的变化，乃至于商业模式的变化。

"智能可穿戴设备"的真正意义，在于这些设备要比手机这样的终端更加融入人体和人的生活。智能可穿戴设备的核心在于数据的采集、计算、反馈以及最终对人行为的改变。这首先是一个需要在硬件、软件和互联网服务三个维度共同发力的过程；其次它不仅仅考虑数据采集和分析，更要考虑对人的反馈介质甚至是反馈机制——新形态的显示和震动、语音交互以及社交关系、社会心理学的引入等——这将会是个技术与人文高度融合的问题。

本书立足于整个智能可穿戴产业，阐述智能可穿戴技术及设备分类、产业概况；并着重介绍包括芯片、传感器、功能设备与低功耗、显示等的智能可穿戴设备硬件技术，包括人机交互、无线传输通信、虚拟现实、增强现实、大数据传输、制造等软件技术；最后分析智能可穿戴产业技术发展的趋势、存在的不足，并提出建议，具有很好的实用价值。

本书在北京市科学技术委员会的指导下，由北京生产力促进中心组织，结合科技创新引领产业发展的发展思想，通过顶层设计和跨部门横向联合，对可穿戴领域有关的各种资源进行系统梳理与分析，形成本书。本书在出版的过程中，得到北京工业大学、中国电子信息产业发展研究院、北京经济技术开发区、北京医师协会等单位的大力支持，在此表示衷心的感谢。

本书还结合内容列举智能可穿戴设备涉及的产业链上下游的单位，为行业人士提供很好的参考。

目录
Contents

导　引

2013 年 10 月 8 日国家发展与改革委员会（以下简称国家发改委）《关于组织实施 2013 年移动互联网及第四代移动通信（TD-LTE）产业化专项的通知》（以下简称《通知》）对移动互联网及 4G 等热点领域提出多项提振措施，一个鲜明的亮点是对智能可穿戴设备的研发及产业发展的支持。《通知》要求加强面向移动互联网应用，研制可规模商用的多类型智能可穿戴设备，重点支持研发低功耗的智能可穿戴设备系统设计技术、面向智能可穿戴设备的新型人机交互技术及新型传感技术、智能可穿戴设备与智能终端的互联共享技术、智能可穿戴设备应用程序及配套的支撑系统技术，实现智能可穿戴设备产品产业化。

一、发展智能可穿戴设备产业是实现创新驱动发展的有效途径

中国未来的发展要靠科技创新驱动，而不是传统的劳动力以及资源能源驱动。在智能手机的创新空间逐步收窄、市场增量接近饱和的情况下，智能可穿戴设备作为智能终端产业下一个热点已被市场广泛认同。智能可穿戴设备成为产业之后必定带动行业的发展，成为我国

深化改革带动经济发展的主力引擎。

二、发展智能可穿戴设备产业是践行信息消费、拉动内需的有力抓手

移动互联网技术的成熟将给智能可穿戴设备带来良好的用户体验，且随着网络技术的不断完善，消费者能够更加接受此类产品；再者，当前消费者已经不再满足于智能终端的电话和视频功能，更多领域的应用将更加契合智能可穿戴设备；而智能可穿戴设备的便携性较佳，用户完全可以通过此类终端实现很多功能。2012 年我国智能可穿戴设备市场规模超过 6 亿元，2013 年市场规模达到 24 亿元，预计到 2015 年我国智能可穿戴设备市场规模将超过 100 亿元，2016 年我国市场规模将达到 169.4 亿元。

三、发展智能可穿戴设备产业是形成国际竞争新优势、增强发展长期动力的重要契机

目前，智能可穿戴设备市场仍处于起步阶段，但未来的市场增量空间巨大，预计全球智能可穿戴设备市场在接下来五年将能创造 5 亿台销量。在 20 世纪 80 年代基于互联网的 PC 产业和目前基于移动互联网的智能手机、平板电脑产业中，我们因为技术基础薄弱只分到了这块"蛋糕"的一小份。随着产业链逐步完善，当前我国硬件技术的发展已经能满足智能可穿戴设备的普及。在有了 20 多年的技术积累，

已经成为世界消费电子产品工厂的今天，我国已经具备在智能可穿戴设备领域打开突破口的能力；其次，技术创新不易模仿、附加值高，由此建立的创新优势持续时间长、竞争力强。加快实现由低成本优势向创新优势的转换，可以为我国持续发展提供强大动力。

四、发展智能可穿戴设备产业是提高经济增长的质量和效益、加快转变经济发展方式的现实手段

科技创新具有乘数效应，不仅可以直接转化为现实生产力，而且可以通过科技的渗透作用放大各生产要素的生产力，提高社会整体生产力水平。发展智能可穿戴设备要求的低功耗、人机交互、系统设计等，从而使对应芯片、电池、面部识别等技术提供商受益匪浅；伴随智能可穿戴设备发展带来的海量的实时大数据，同样为应用云计算企业带来很大机遇。大力发展智能可穿戴设备产业，可以全面提升我国经济增长的质量和效益，有力推动经济发展方式转变。

本书将围绕智能可穿戴设备产业发展趋势、相关技术、应用领域及问题与建议等方面展开论述，报告体系框架图如下。

涉及技术

硬件技术
- 芯片技术
- 传感器技术
- 电池-低功耗技术
- 屏幕
- 机器人技术
- 天线技术

软件技术
- 人机交互技术
- 无线传输通信技术
- 虚拟现实技术
- 增强现实技术
- 制造技术
- 大数据传输

发展趋势

▷ 智能可穿戴设备将是未来开放型市场
▷ 健身医疗类是未来的热点
▷ 更多新品牌将入驻可穿戴设备产业
▷ 智能可穿戴设备造型向美学发展
▷ 移动智能可穿戴终端将发生改变
▷ 智能可穿戴产品售价更便宜于大众接受

可穿戴产业调查框架

存在的问题

产业问题
- 独立性差
- 功能少
- 费用高

技术问题
- 传感器问题
- 处理器问题
- 屏幕问题
- 电池问题
- 操作系统问题
- 生产系统问题

安全问题
- 内部漏洞
- 外部攻击

应用领域五大分类

医疗卫生类
- 医疗设备类
- 治疗手术类
- 身体防护类
- 健康检测类

休闲娱乐类
- 运动健身类
- 健康管理类
- 信息咨询类
- 体感控制类

生活服务类
- 助残类
- 智能手表类
- 智能手环类
- 智能鞋服类

军事类
- 全彩3D头盔
- 防弹衣
- 电力设备系统
- 夜视镜

工业类
- 汽车工业
- 核工业和化学工业
- 兵器工业

建议

▷ 尽快明确智能可穿戴设备产业发展方向，促进产业集聚，鼓励创新企业
▷ 积极引进、培育龙头企业
▷ 积极引进、培养人才，强化资金保障
▷ 制定智能可穿戴设备相关的标准与规范
▷ 优化开发环境，政府加强组织协调

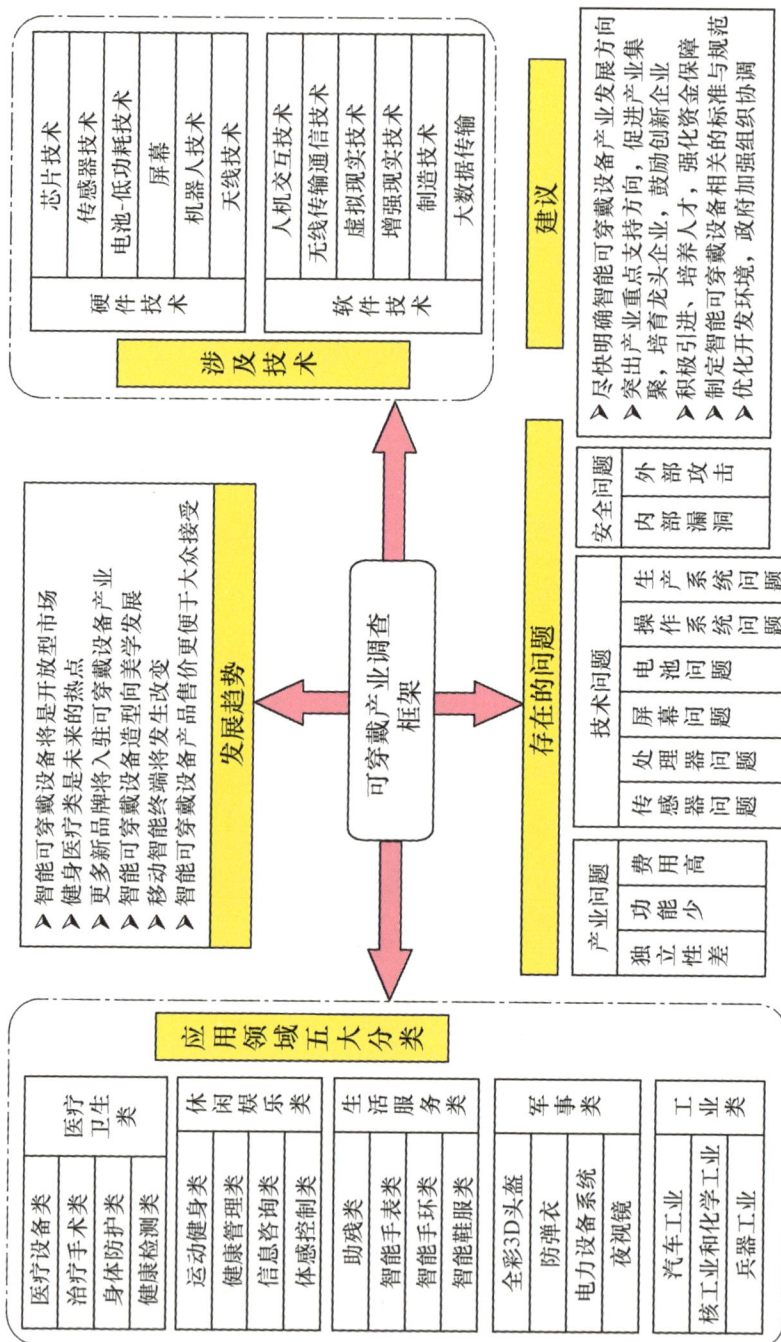

智能可穿戴设备报告体系框架图

第一章　智能可穿戴产业概述

可穿戴技术是指探索和创造能直接穿在身上或整合进用户的衣服或配件的设备的科学技术。采用的形式可以是珠宝、太阳眼镜、背包等配饰，甚至是现实的服饰，如鞋子或夹克。如果小心一点的话，身穿此种设备不容易被发现，大多数人可能甚至不会意识到这件衣服是一件融合了高科技的智能产品。可穿戴技术的好处是，可以方便地集成和连接用户日常生活和行动中使用的工具、设备、电源的需求。

一、智能可穿戴技术及设备分类

可穿戴技术是 20 世纪 60 年代美国麻省理工学院媒体实验室提出的创新技术，利用该技术可以把多媒体、传感器和无线通信等技术嵌入人们的衣着中，可支持手势和眼动操作等多种交互方式。

智能可穿戴设备也称为智能可穿戴设备，指直接穿在身上，或整合到衣服或配件上的一种便携式并能发送和传递信息的计算设备，它运用识别、传感、连接、云端交互、存储、柔性显示等技术来实现人体健康辅助治疗、人体运动监测、生活娱乐等功能，可以利用传感器、射频识别 RFID、全球定位系统 GPS 等信息传感设备，接入移动互联网，实现人与物随时随地的信息交流。与传统电子设备相比较，智能可穿戴设备具有方便携带和交互性好等优点，可以作为信息通信工具无缝地存在于生活和工作环境中，而不分散使用者生活和工作的注意力，使用者可以随时随地感知环境和控制设备。在现有智能手机和计算机竞争白热化的市场环境下，智能可穿戴设备显现出巨大优势，并在产业界掀起了巨大的研究、开发和生产浪潮。

智能可穿戴设备是随着电子器件超微型化以及多种前瞻的计算模式、微电子技术和通信技术的不断涌现应运而生的。在这个理念以及相应技术支撑下，衍生出的一类可穿戴、个性化、新形态的个人移动计算系统，实现了对个人自然持续的辅助与增强。作为正在发展的新型设备，智能可穿戴设备的内涵、架构、形态和功能均在不断演化。

（一）根据主体设备功能分类

依据主体设备功能不同，智能可穿戴设备分为可穿戴终端和可穿戴外设。两者关键差别在于，可穿戴外设是指连在计算机主机以外的硬件设备，对数据和信息起着传输、转送和存储的作用，往往不具备处理能力；可穿戴终端是独立计算系统，可以独立处理数据和信息，完成指定任务。两者共同特点是直接穿戴在使用者身上或是整合进使用者的衣服或配件里。

（二）根据服务对象分类

智能可穿戴设备根据服务对象的不同可以分为两类：以用户体验

为设计核心的通用型智能可穿戴设备与针对特定需求而设计的任务型智能可穿戴设备。通用型智能可穿戴设备与桌面计算机或平板电脑的功能相似，只是在外观形态上变得适合人体佩戴而已。通用型智能可穿戴设备是没有进行过裁减的计算机系统，直接移植了传统计算机体系结构。通用型智能可穿戴设备适用面比较广，各项性能指标比较均衡。任务型智能可穿戴设备是针对完成特定任务而优化设计的专用设备，设计目的在于提高用户执行该项任务的能力和效率。任务型智能可穿戴设备对传统结构进行了改进，尽量增强需要的功能而不需要的功能则直接裁剪掉。任务型智能可穿戴设备只在执行相关任务时效率较高，超出任务范围就不能使用了，因而适用面比较窄。

（三）根据应用行业分类

智能可穿戴设备按照应用行业可分为医疗卫生类、休闲娱乐类、生活服务类、军事类和工业类，具体见图 1.1。

1. 医疗卫生健康类

用于医疗卫生健康的智能可穿戴设备主要指针对各种常见病的辅助治疗设备，甚至直接干预脑电波助人睡眠。可穿戴健康设备产品有无线脑传感装置、时差综合征治疗仪、智能腰带、颈椎环、美容眼罩、智能睡衣、手套三录仪等，具体如 Jetlag Light 时差综合征治疗仪、Lumoback 智能腰带、Neumitra 和 Affeetiva 智能腕带、Glove Tricorder 手套三录仪、健康追踪设备 Force、头带产品 Muse、MindWave Mobile 无线脑传感装置、ihealth AM3 智能手表、CS299

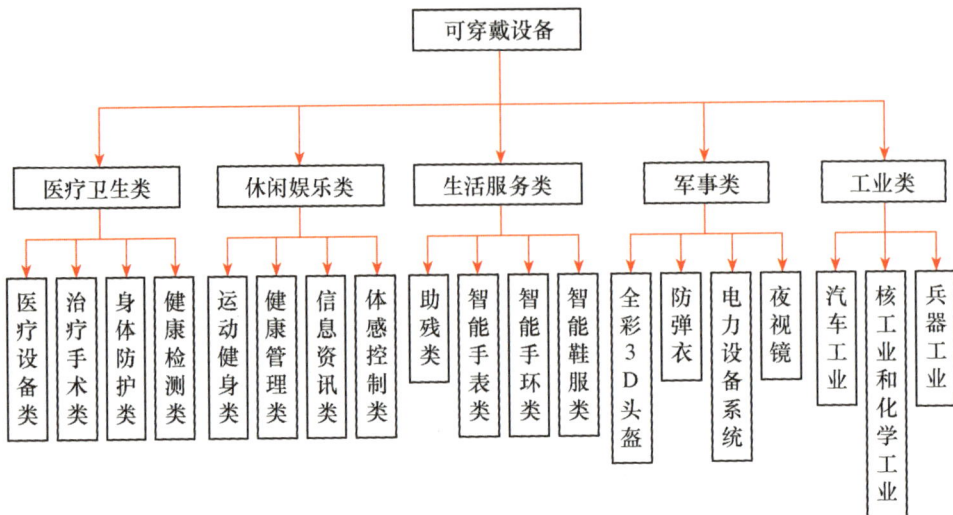

图 1.1 智能可穿戴设备按照应用行业分类

型跌倒报警器、乐心电子计步器等。

（1）Jetlag Light 时差综合征治疗仪

Jetlag Light 时差综合征治疗仪出自澳大利亚著名睡眠研究公司 Re-Timer 之手，是一款改善睡眠质量的智能可穿戴设备，它可以通过软件控制的绿光来调节佩戴者的生物钟。Jetlag Light 适用于经常需要倒时差的商旅人群、普通的失眠人群以及冬季易患抑郁症的患者（图 1.2）。

（2）Lumoback 智能腰带

Lumoback 是一款可以改善佩戴者坐姿的智能腰带，当用户坐姿不当时 Lumoback 便会震动以示警示（图 1.3）。Lumoback 与手机上的 APP 应用无线连接，可实时记录佩戴者的坐姿和日常活动状况。

（3）Neumitra 和 Affectiva 智能腕带

Neumitra 和 Affectiva 这两款智能腕带旨在测量人的生理反应。这类智能腕带能够用于达到特定的医疗目的，例如，追踪病人创伤后的紧张情绪和焦虑不安等信息。这类智能腕带还可以用于自闭症人

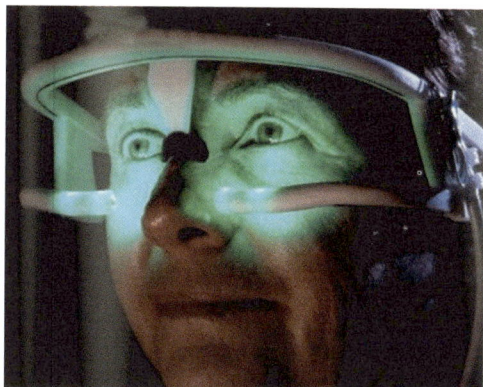

图 1.2　Jetlag Light 时差综合征治疗仪

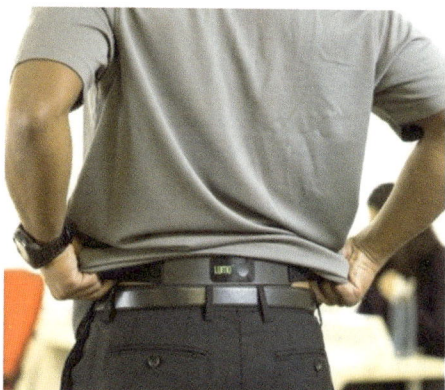

图 1.3　Lumoback 智能腰带

群，可以让他们的护理人员更加容易地追踪他们的紧张程度。

（4）Glove Tricorder 手套三录仪

Glove Tricorder 手套三录仪，这套医疗智能手套搭载的传感器系统包括一个加速器、一个压力和一个温度模块，手套指尖还配备有超声波探头，可检查患者体内健康状况，尤其是体内的恶性肿块（图 1.4）。

（5）MindWave Mobile 无线脑传感装置

MindWave Mobile 是一种用于治疗的无线脑传感装置，适合 iOS 和安卓移动设备的脑电波读取设备，号称可以让用户用意识控制游戏（图 1.5）。这款看上去像是一台耳机的设备非常神奇，它可以利用用

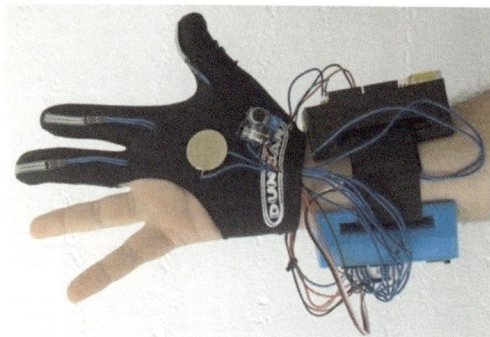

图 1.4　Glove Tricorder 手套三录仪

图 1.5　MindWave Mobile

户前额位置的传感器来读取用户的脑电波数据，从而推断佩戴者的精神状态。

（6）健康追踪设备 Force

2013 年 10 月，Fitbit 公司开发出一款最新健康追踪设备 Force，用来量化追踪用户的行为，包括进行记录运动、睡眠监控等。Force 是对 Fitbit 公司另一款腕带追踪器 Flex 的改良，在 Flex 具备的各项特色功能之外提供 OLED 显示屏和测高仪。该产品可以通过蓝牙与用户的安卓或 iOS 设备同步数据。它能够利用 Fitbit 的深度分析工具和产品生态系统更为全面地绘制出用户健康的健身习惯，特别是其手机应用和配套网站，用户可以在其中输入吃掉的食物以及热量，从而全面地了解到身体摄入和消耗的热量。

（7）头带产品 Muse

InteraXon 公司开发了一款由脑电波控制其他计算设备的头带产品 Muse，可以实时检测到佩戴者的脑电波活动。用户在专注的时候和放松的时候脑电波频率是不一样的，当人在放松时，大脑会产生温和缓慢运动的 alpha 波（α 波），而当人高度集中时会产生快速、不整齐的 beta 波（β 波）。Muse 利用算法抓住这种微妙的差别并实时反馈给用户。因此，可以利用 Muse 操控手机或平板电脑上运行的游戏，或者帮助减轻用脑强度，提高记忆力等。

（8）ihealth AM3 智能手表

2013 年 6 月，九安医疗旗下全球品牌 ihealth，将 ihealth AM3 可穿戴式智能手表正式推向美国市场（图 1.6）。它通过蓝牙将智能手表与苹果（Apple）产品终端相链接，跟踪用户的活动数据和睡眠状况，配合 iHealth APP 免费应用程序，记录、分析、建议、分享个人健康信息，倡导更加积极和健康的生活方式。此外九安医疗的 KD-5910 智能臂式血压计（图 1.7）、KD-5918 智能语音血压计、KD-5008 智能触控血压计（图 1.7）、BM-091 智能臂式血压计（图 1.8）等几款产品也同样备受追捧。

（9）CS299 型跌倒报警器

由西安中星测控有限公司推出的

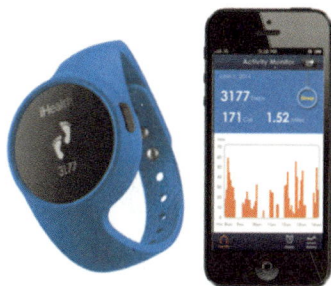

图 1.6　ihealth

图 1.7　血压监测设备

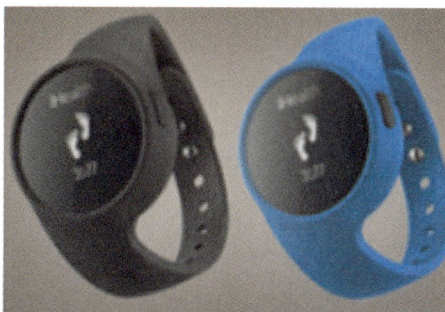

图 1.8　可穿戴式个人健康终端

CS299 型跌倒报警器可实时监测老人身体姿态，在老人意外摔倒时，跌倒报警器自动发出带有定位信息的报警短信；也可在老人身体感到不适时或发生意外时，通过触动按键启动免提呼叫功能，及时通知其子女或指定人员，以便得到及时救援（图 1.9）。

（10）乐心电子计步器

乐心医疗为远程医疗、社区医疗、慢病管理机构提供基于物联网、云计算、医疗电子产品相结合的医疗健康管理解决方案。用户可通过乐心健康中心制定周步行计划，计步器与云端自动同步（图 1.10）。

2. 休闲娱乐类

休闲娱乐类目前主要包括臂带、智能眼镜、智能手表、意念头

图 1.9　CS299 型跌倒报警器　　　　图 1.10　乐心电子计步器

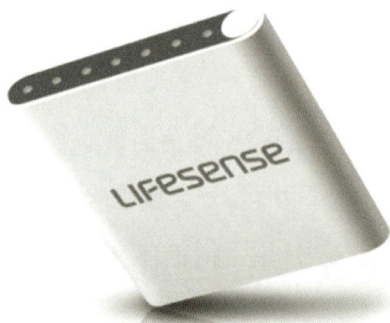

箍、智能袜子、智能游泳镜、铁道导航手链、智能高尔夫手套、无线脑传感装置等，具体如谷歌智能眼镜、GolfSense 手套、Instabeat 游泳镜、MYO 臂带、Melon 头带、BrainLink 脑电波传感器、Smartwatch 智能手表等。

（1）谷歌智能眼镜

谷歌智能眼镜是由谷歌公司于 2012 年 4 月发布的一款"拓展现实"镜，具有和智能手机一样的功能，可以通过声音控制拍照，同时具有视频通话、辨明方向以及上网冲浪、处理文字信息和电子邮件等功能（图 1.11）。外形与普通眼镜差别不大，内置微型计算机，镜片上嵌有指甲盖大小的显示屏，操作触摸板位于太阳穴和耳朵间的镜架上。

（2）GolfSense 手套

除了手套上的传感器，GolfSense 与普通的高尔夫手套别无二致（图 1.12）。GolfSense 可以监测到佩戴者挥杆时的挥杆加速度、挥杆速度、击球位置以及挥杆姿势，可以以每秒钟 1 000 次的运算速度来分析传感器所记录的数据。得益于此，GolfSense 可以计算出佩戴者是否发力过猛，击球位置是否正确、姿势是否规范等问题，从而提升

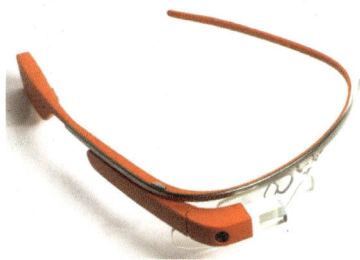

图 1.11 谷歌眼镜

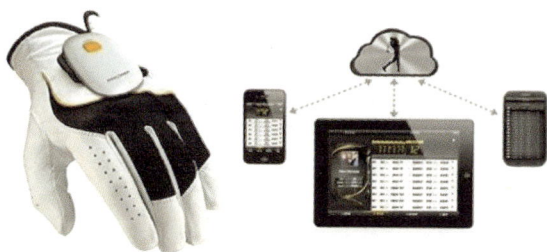

图 1.12 GolfSense 手套

佩戴者的高尔夫球技。

（3）Instabeat 游泳镜

Instabeat 是一款可以通过颞动脉记录佩戴者心率的游泳镜，它可以通过向镜片投射各种警示颜色的方式来告诉佩戴者距既定目标还有多远（图 1.13）。此外，Instabeat 游泳镜还可以记录佩戴者热量的消耗、游泳的圈数和在泳池中的转身次数，并将这些数据同步到用户控制中心，记录佩戴者每一次下水的进展。

（4）MYO 臂带

加拿大 Thalmic Labs 公司推出的创新性臂带，与之前一些手势交互设备（如 Kinect 或者 Leap Motion）不同的是，MYO 臂带是通过检测用户运动时胳膊上肌肉产生的生物电变化，配合手臂的物理动作监控来操作产品。佩戴它的任何人只要动动手指就能操作并与之发生互动。其用途非常广泛，不仅可以用于玩电脑游戏、浏览网页、控制音乐播放等娱乐活动，甚至还能操控无人机。

（5）Melon 头带

Melon 头带是一种无线脑传感装置，通过追踪进行活动时的注意力情况，进而对思维进行探索，其测量准确度达到了 96%；可以对无形的大脑活动进行检查，从而改善注意力水平（图 1.14）。

图 1.13　Instabeat 游泳镜

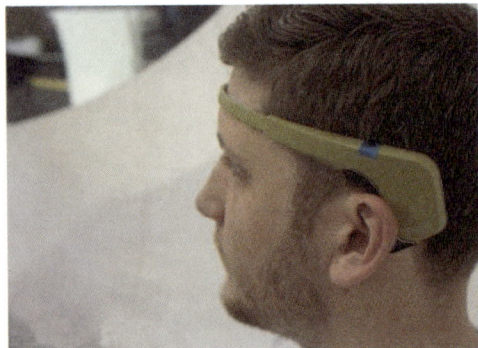

图 1.14　Melon 头带

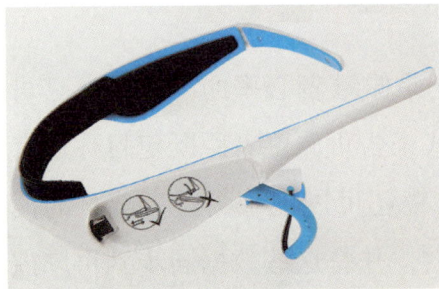

图 1.15　BrainLink 意念头箍

（6）BrainLink 脑电波传感器

BrainLink 意念头箍是专为 iOS 系统研发的配件产品，它是一个安全可靠，佩戴简易方便的头戴式脑电波传感器（图 1.15）。作为一款可佩戴式设备，它可以通过蓝牙无线连接智能手机、平板电脑或智能电视等终端设备。配合相应的应用软件就可以实现意念力互动操控。

（7）Smart watch 智能手表

深圳奋达科技股份有限公司与 EInk（元太科技）联合推出的 Smart watch 智能手表（图 1.16），可通过蓝牙 4.0 技术与 iPhone 和安卓（Android）智能手机进行连接，定位为专业与时尚的运动手表，消费者除了生活应用外，更可在户外运动时使用。透过 Smart watch 智能手表，消费者可以随时查询手机中的来电、短信、通讯录、日历、电子邮件、社交信息或控制音乐播放等功能。此款智能手表的屏幕采用 EInk 电子纸技术，其可弯曲、高解析度、触控式的 1.73 寸屏幕在强烈户外阳光下也能清楚观看，并具有 180° 的可视角。

图 1.16　Smart watch 智能手表

3. 生活服务类

生活服务类目前主要包括意识控制轮椅、智能手表、智能手环、智能衣服等，具体如 Smart PJs 智能睡衣、Smarter Socks 智能袜子、G-Arch 智能手表和 G-Arch 健身手环、Galaxy Gear 智能手表、inWatch 系列智能手表、GEAK Watch 智能手表、Grand Watch 智能手表、Gear Fit 智能手环、TalkBand B1 智能手环、Nike+FuelBand 手环、Leap Motion 等。

（1）Smart PJs 智能睡衣

Smart PJs 是一款专为儿童量身打造的互交式睡衣，衣身布满各种圆点，其工作原理类似于二维码：家长可以用智能手机扫描这些圆点，孩子的睡眠状况便可以显现在手机屏幕上（图 1.17）。

（2）Smarter Socks 智能袜子

Smarter Socks 搭载 RFID 芯片，可以确保准确配对，且不会掉色（图 1.18）。与 Smarter Socks 匹配的 App 名为 Blacksocks，它的作用是扫描袜子，让 iPhone 与袜子进行连接。如果你喜欢将袜子攒到一起洗，洗完之后通过扫描袜子的分拣机，Blacksocks 就会告诉你哪两只袜子才是一对儿的。

（3）智能手环 Gear Fit

三星发布了主打健身功能的智能手环 Gear Fit（图 1.19）。可监

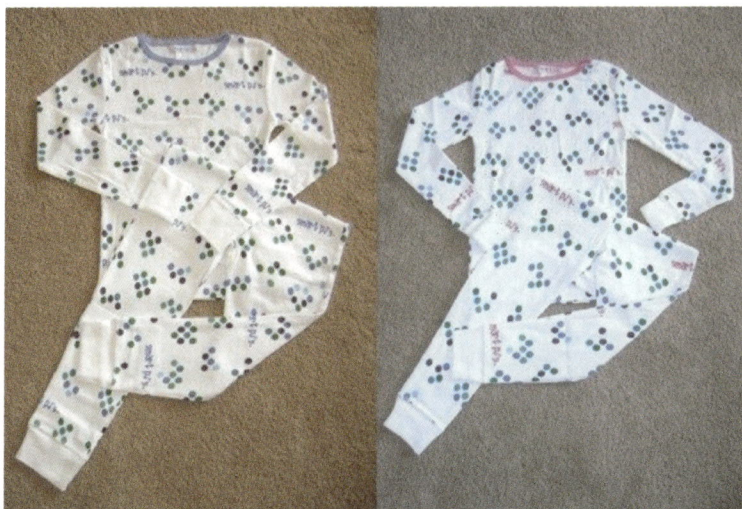

图 1.17　Smart PJs 智能睡衣

图 1.18　Smarter Socks 智能袜子

图 1.19　智能手环 Gear Fit

图 1.20　三星 Gear Fit

测一系列有关人体健康的指标，例如步程数、运动水平、心率以及睡眠时间等。Gear Fit 配备的 210mA 电池能使 Gear Fit 续航时间达 3 ～ 4 天（图 1.20）。

Gear Fit 能够与多达 20 多款 Galaxy 设备兼容，具备 Gear 系列产品一贯的拒接电话和信息推送查看的功能。另外在 Gear Fit 内部还集成了多个传感器，能够较为全面的检测人体的锻炼、膳食、睡眠、压力和体重等数据。同时内置有心率监测器，可以适当告知用户加快或减慢跑步速度。

（4）Galaxy Gear 智能手表

三星的新一代 Galaxy Gear 2 和 Galaxy Gear 2 Neo 内置各种传感器与应用程序配合将可以更好地追踪用户健身数据、更精准地监测睡眠质量，而这也满足了目前市场上的主要需求。通常拥有强大健康和锻炼数据追踪功能的产品以腕带形式居多，而以智能手表形式推出的还并不常见。通过蓝牙与智能手机配对之后，用户能够利用 Galaxy Gear 来检查推送进设备的文本、电话、电子邮件、微博等。此外，用户还能够通过内置的扬声器和麦克风拨打电话（图 1.21）。

图 1.21　Galaxy Gear 智能手表

（5）inWatch 智能手表

2014 年 1 月 13 日，映趣科技正式推出了首款采用"全彩透明柔性"屏幕的智能腕表——inWatch One C 和 inWatch Z。后者采用了最新的"骨传导"技术，它搭载有骨传导 SPK 听筒，用户在通信过程中只需手腕轻抵腮部就可以听到通话声音。该技术的原理是将声波通过骨骼传送到耳膜，使佩戴者可以不使用任何形式的耳机就能听到声音。inWatch Z 还拥有纳米涂层防水、主处理器＋协处理器架构、微型九轴传感器等特色技术和设备（图 1.22）。

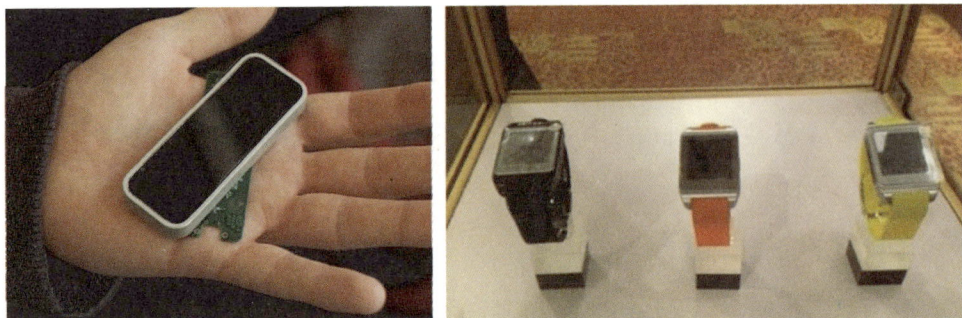

图 1.22 inWatch 智能手表

图 1.23 GEAK Watch 智能手表

（6）GEAK Watch 智能手表

根据百度 2013 年 11 月发布的《智能可穿戴设备需求研究调研报告》显示，果壳 GEAK Watch 智能手表以 7.5% 的影响力名列国产品牌第一名，是唯一进入排行榜的国产品牌（图 1.23），与三星等国际品牌同台竞技。GEAK Watch 机身右侧侧面设计有两个物理按键，左侧配有 3.5mm 的耳机接口，表身边角留有扩音孔。3.5mm 的耳机接口不仅负责耳机接入使用，还充当着数据传输和充电等多种功能。

（7）Leap Motion

Leap Motion 的出现成为人机交互的一大热点，其工作原理是通过红外 LED 和摄像头以不同于其他运动控制技术的方式来完成对手指的追踪，从而实现通过手势操作电脑的目的。

4．军事类

军事类智能可穿戴设备主要用于军事装备，如未来士兵的装备，包括全彩 3D 可视头盔、以防弹衣和夜视镜为主体的可穿戴装备、可穿戴式综合电力设备系统（SWIPES）等。

（1）全彩 3D 可视头盔

全彩 3D 可视头盔，代号为 Q-Warrior，是英国著名军品公司 BAE 系统公司（BAE Systems）旗下的 Q-Sight 产品，旨在提升士兵的势态感知能力，帮助他们在周围环境出现变化时，迅速做出调整和部署。

Q-Warrior 可以测量距离，扫描出建筑的 3D 图像，还可以实时传输无人机等的视频。此外，它还配有夜视增强和敌我识别的功能（图 1.24）。

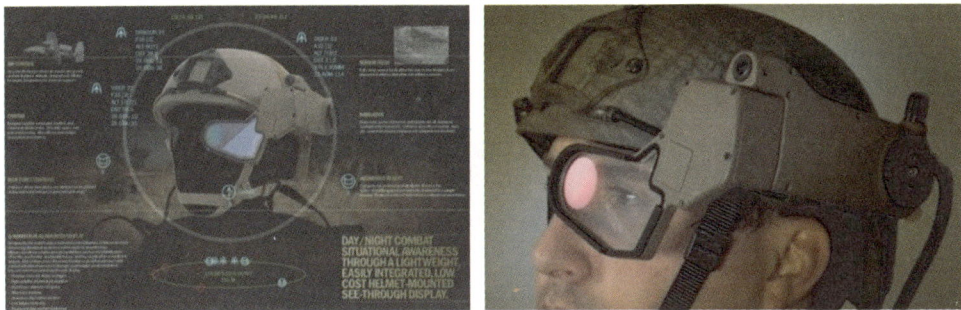

图 1.24　全彩 3D 可视头盔

（2）防弹衣

防弹背心是一种像盔甲一样用于减少子弹伤害的防弹衣，能吸收和耗散弹头、破片动能，阻止穿透，有效保护人体。从使用者分类看，防弹衣可分警用型和军用型两种。从材料分类看，防弹衣可分为软体、硬体和软硬复合体三种。防弹并配有空调的超级西装是一件特殊的防弹衣，不仅抗污渍、能防弹，甚至还内置了空气调节器来保证在天热时保持防弹衣凉爽（图1.25）。

这件衣服的防弹技术由Croshield公司提供，这是一家专门制作防弹背心和防弹头盔的公司，这种衣服的安全等级达到了"level Ⅱ"。这一等级表示穿戴者可以防御9mm口径至.57口径的手枪子弹。

图1.25　超级西装

（3）夜视镜

美国夜视镜生产商最近研发出一种新型夜视镜，其视野范围是当前一般产品的两倍多。利用最新的高分辨率夜视系统（HRNVS）解决了现有的技术障碍（图1.26）。该系统可以让每只眼睛利用两个夜视传感器，这样总共有4个传感器进行"联接"，最后创建出一幅高精度画面，其视野范围可达82.5°。

此外，HRNVS还具有突出的图像增强能力，如同数码单反相机利用光线以各种方式增强照片品质的原理一样。新型夜视镜能够调整对比度，进行边缘增强和减少噪点，甚至还具有录像功能。这些都是当前类似装置所欠缺的。

（4）SWIPES系统

SWIPES系统是美国陆军2011年十大发明之一（图1.27），利用MOLLE背心，将先进电源集成以保护电子及通信设备。该系统采用模块化电源分配系统，利用BA-8180/U、BA-8140/U锌空气电池或LI-145、BB2590充电电池等电源直接为设备供电。这将延长任务时间，无需替换电源或充电，并且降低了电池重量，使士兵负载重量降

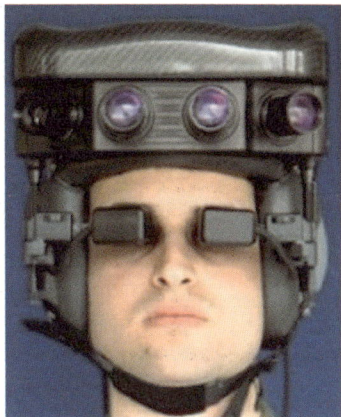

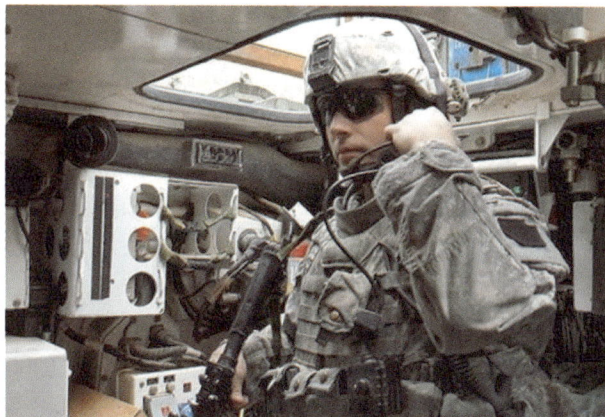

图 1.26　夜视镜　　　　　　　　图 1.27　SWIPES 系统

低了 30%。该电源可持续为各种设备的二次电池充电，如双向无线电通信设备、GPS 设备和射击探测系统。SWIPES 系统允许为士兵特别定制，并能够兼容最新应用程序。

5.　工业类

可穿戴式智能装备能够提高人机交互效率，让用户更方便快捷地连接网络，因此成为移动互联网催生的下一代智能终端。在硬件技术成熟的前提下，智能手表、智能眼镜、智能手环等穿戴式装备可能成为新的增长点；而汽车与智能可穿戴设备的结合，或许会成为汽车业未来发展的一大趋势。同样，在其他工业领域，也在开始设计和使用这类智能可穿戴设备。

（1）汽车工业

日产 3E 的造型与谷歌眼镜非常相似，不过造型比起谷歌眼镜更"炫酷"、更"拉风"。在佩戴者的左眼前面的镜片上，有一小片玻璃显示器，可以显示汽车的各种数据，还可以利用 3E 实现车辆遥

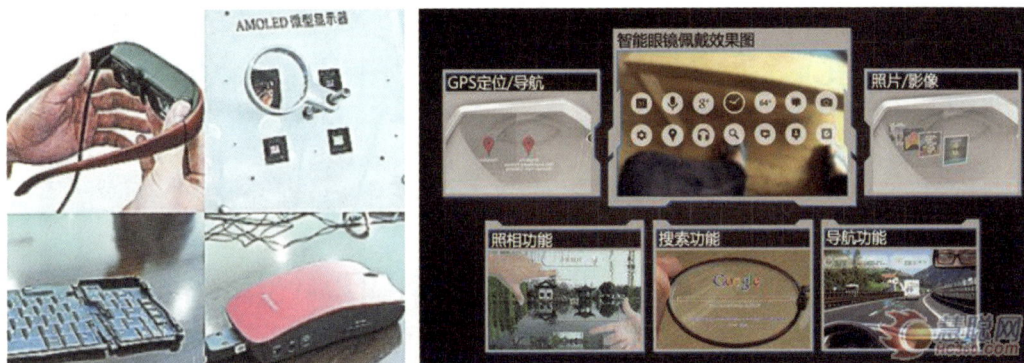

图 1.28　奔驰与谷歌眼镜整合的车载导航系统

控，将所需信息投影到驾驶者所佩戴的左眼前方屏幕上（图 1.28）。在 2013 年 9 月举行的法兰克福车展上，日产展示了一款 Nismo 概念手表。这款手表是首款可连接汽车和驾驶员的智能手表，能够远程读取车速、油耗等数据。此外，这款智能手表还能监控驾驶员的健康状况，显示驾驶员的心跳频率等信息，如果驾驶员心率过快，这款手表还会自动发出警告。

目前奔驰公司也将谷歌眼镜整合到其车载导航系统中，希望其车主享受更加多彩的汽车"数字生活"。奔驰公司近日表示，正在研发一款新的汽车导航系统，将囊括谷歌眼镜的诸多功能，如声音控制拍照、视频通话、辨明方向和上网等，让车主无论是在车内还是车外都能轻松连接网络和车载 APP。

奔驰版的谷歌眼镜导航系统将具备几项主要功能，包括将驾驶者迅速导航至汽车停放处、将谷歌眼镜捕捉到的目的地传送至汽车导航系统、在驾驶者离开汽车后再将其导航至其最终目的地所在位置。奔驰公司表示，当谷歌眼镜正式发售时，公司将会推出该车载导航系统，并有可能推出配套的 APP 应用。

（2）兵器工业

中国兵器工业集团公司推出应用最新 OLED 技术的中国首款穿戴式计算机。这是自主研发、拥有自主核心知识产权的中国首款穿戴式计算机产品，填补了国内穿戴式计算机领域的空白。其显示器可以等效为在 2m 远的地方观看 55in[1] 屏幕的显示效果。OLED 产品则具有高低温性能好、亮度高、功耗低、抗震性能好等优点，可应用于军事、工业检测、虚拟现实、电子消费品等领域。

二、产　业　概　况

从可穿戴计算本身来看，这是一种新的计算范式，不仅仅带来设备硬件形态上的物理变化，也将带来新的人机交互方式，传感器、语音操控、骨传导、手势控制、眼球追踪等一系列技术的新集成应用，将会带来自触摸屏多点触控操作之外又一次人机交互的重大变革，更重要的是正如"可穿戴计算设备"这个词的字面意义揭示的那样，计算机将不再作为一种独立设备形态而存在，而是越来越与人随身佩带的工具紧密结合起来，眼镜、手表、智能相机、智能服装、运动追踪器等，这势必会带来整个计算 - 网络服务形态的变化，乃至于商业模式的变化。

"智能可穿戴设备"的真正意义，在于这些设备要比手机这样的终端更加贴近人体和人的生活。智能可穿戴设备的核心在于数据的采集、计算、反馈以及最终对人的行为的改变。这首先是一个需要在硬

1　in=2.54cm，下同。

件、软件和互联网服务三个维度共同发力的过程；其次它不仅仅考虑数据采集和分析，更要考虑对人的反馈介质甚至是反馈机制——比如新形态的显示和震动、语音交互以及社交关系、社会心理学的引入等——这将会是个技术与人文高度融合的课题。

从最近几年的技术发展趋势来看，手机取代 BP 机、再到智能手机取代键盘手机，时间均不超过五年，可以预计，在接下来的五年内，智能可穿戴设备取代智能手机，进入大众消费市场，成为主流的网络终端设备，将是一个毋庸置疑的趋势。在 2006 年乔布斯推出 iPhone 至今，智能手机的销量和使用频率这两个关键指标已经远远超过个人电脑（PC）。可以说，在不久的将来，一定是智能可穿戴设备的天下。

（一）智能可穿戴设备的发展历程

20 世纪 60—70 年代是可穿戴计算的萌芽期。1966 年麻省理工院学生索普（Thorp）和香农（Shannon）等人研制的用于轮盘赌的可穿戴计算机是历史上第一个智能可穿戴设备。随后的十年中，也有不少科学家在该领域进行探索，配有头戴显示器、形态化的可穿戴计算机在此期间问世，典型的产品是基于 Apple-Ⅱ 6502 计算机研制的可穿戴计算机原型。

20 世纪 80—90 年代是可穿戴计算迎来发展的时期，这主要得益于计算机软硬件技术的快速发展。以史蒂夫·曼恩（Steve Mann）为代表的研究人员开始关注如何利用计算机设备来增强自己的感受，从而加强对环境的掌控。正是基于这样的理念，史蒂夫·曼恩制作出了历史上第一个头戴式摄像机，是 Google Glass 的鼻祖。1994 年，史蒂夫·曼恩实现了可穿戴计算机的图像实时无线上网功能。之后，可穿戴计算和智能可穿戴设备开始在学界和业界受到广泛的重视和研究，并逐渐在工业、医疗、军事、教育、消费品、娱乐等领域表现出应用潜力。

在研究层面，美国麻省理工学院、卡耐基梅隆大学、日本东京大学的工程学院以及韩国科学技术院等研究机构均有专门的实验室或研究组专注于可穿戴智能设备的研究，拥有多项创新性的专利与技术。1997年，美国麻省理工学院、卡耐基梅隆大学、佐治亚理工学院联合举办了第一届国际可穿戴计算机学术会议（IEEE International Symposium on Wearable Computers，ISWC）。在机构与相关活动领域，美国电气和电子工程师协会成立了可穿戴IT技术委员会，并在多个学术期刊设立了智能可穿戴设备的专栏。国际性的可穿戴智能设备学术会议IEEE ISWC自1997年首次召开以来，已举办了18届。

进入21世纪以来，可穿戴计算取得了显著进步，并开始进入普通人的视野和生活。一方面，移动互联网快速发展，无论是无线网络的承载能力和普及程度还是移动智能设备的性能都取得了长足的进步，这为智能可穿戴设备的开发提供了良好的技术基础。另一方面，人们对于更加自由、更加便捷、更加个性化的信息处理需求打开了智能可穿戴设备的应用市场。在此背景下，各IT企业纷纷涉足智能可穿戴设备的研发，产品形态各异。其中，一类是可实时在线联网的智能可穿戴设备，以Strata手表、Pebble手表、Google眼镜、Meta增强现实眼镜等为代表；另一类是不可实时在线联网的外设式智能可穿戴设备，如Nike Fuelband、Jawbone Up手环等。同时，Facebook、Twitter、Evernote等活跃于互联网和移动互联网应用领域的应用服务提供商纷纷涉足可穿戴计算领域，使得可穿戴计算的应用市场逐渐丰富起来。

虽然可穿戴计算并非新鲜事物，但真正进入公众视野并成为社会话题却是近几年来的事。在最近一两年中，以索尼、三星为代表的大型消费类电子公司以及谷歌、苹果等互联网公司巨头陆续推出了富有创意的可智能可穿戴设备，成为其在移动互联网时代开疆辟土的战略新布局。

（二）国内外智能可穿戴设备产业发展概况

1. 国外发展现状

据相关机构预计，全球范围内与健康相关的智能可穿戴设备 App 应用装机量（或下载量）会从 2012 年的 1.56 亿次上升至 2017 年的 2.48 亿次，随着开发者加入及生态环境改善，智能可穿戴设备将放量增长。第三方机构 End point Technologies Associates 预计，如果未来 5 年智能可穿戴设备市场占比达 4 000 万个，便可能为开发商带来 4 亿美元商机，而程序内广告（in-APP advertising）可能大幅提升营收。

在 2014 年世界移动通信大会上，智能可穿戴设备无疑是最受关注的亮点之一。三星公司高调发布了两款智能手表——Gear 2 和 Gear 2 Neo。从展示的多种智能可穿戴设备中，人们不难看出制造商对这一市场的浓厚兴趣，而智能可穿戴设备展现的市场前景确实也非常诱人。据美国科技新闻专业网站"商业内幕"预测，2014 年全球可穿戴智能终端的出货量将超过 1 亿部，至 2018 年可能超过 3 亿部。瑞信集团的预测报告认为，未来 2~3 年，全球智能可穿戴设备的市场规模有望达到 300 亿～ 500 亿美元。不过，巨大的市场潜力和制造商的热情，难掩智能可穿戴设备在现实中的尴尬处境：谷歌眼镜等形形色色的产品，并未像智能手机那样颠覆业界格局和人们的生活习惯，用户对智能可穿戴设备的依赖性并不强。一项调查显示，在美国拥有智能可穿戴设备的用户中，1/3 的人会在半年后放弃使用。有分析称，三星在首款智能手表 Gear 推出半年后就发布下一代产品，恰恰说明早期产品未获消费者的青睐。目前新的可穿戴技术主要适用于健身、医疗保健、工业、军事、信息和娱乐等方面。

随着科技的不断进步，传感器成本逐渐降低而声音识别软件则逐渐变得更为先进，绰号为 iWatch 的苹果智能可穿戴设备使科技界陷入了一阵疯狂的类似科幻小说的猜想中。iWatch 是苹果之父斯蒂芬·乔布斯离世之后推出的第一款新产品，而苹果公司素来有制造惊喜的传统，iWatch 引起轰动指日可待。此外，亚马逊、微软、Facebook 等一众创新领军者也都关注着智能手表的发展动态，并且酝酿着自己的计划，而苹果劲敌谷歌更不甘落后，除了紧密研发中的"智能手表"，谷歌眼镜和网络眼镜已经进入后期测试阶段。

制造 InPulse（与黑莓手机搭配的手表）的公司 Allerta 已经在智能手表领域闯出了一片天地。他们新推出的智能手表 Pebble，除了手表常见的功能之外，还设置有一些内置应用。例如，通过与 iPhone 或安卓手机建立连接，你可以知道谁在呼叫你，或者谁给你发了短信和邮件。使用手机上的 GPS，骑车者和跑步者可以在手表上看到速度、距离等运动数据。

2013 年 1 月在美国拉斯维加斯召开的电子产品展览会上，智能可穿戴设备可谓无处不在。耐克公司推出了 Fuel 腕带，它能够监控用户的活动过程并充当私人教练，受到了很多运动人士的热捧。苹果公司前 CEO 约翰·斯卡利和其商业伙伴桑尼·努开创了一家名为 Misfit 的智能可穿戴设备公司，斯卡利近年来都在钻研医疗保健领域，研发了一款运动跟踪设备，该设备能够向用户偏好的装置发送所有运动数据。

各国政府也都投入了大量资金用于可穿戴科技研发。驻阿富汗的美国士兵已经测试了一个名为肩戴式声音目标捕获系统的装置，这款装置由英国科技公司 QinetiQ 研发，能够定位炮火的确切位置，还能通过士兵身穿的防弹服所连接的电视，显示炮火爆炸情况。不止于此，该款装置还能监控士兵的健康状况、增强士兵的视觉能力等。

2. 国内发展现状

智能可穿戴设备被认为是继平板电脑和智能手机之后又一颠覆性产品。国内一些巨头公司均对可穿戴产业有所布局。百度公司一直大张旗鼓地拓展可穿戴领域。从百度内部测试的 Baidu Eye 到如今的 Dulife 创新硬件开放平台，百度布局的"云+端"模式已经初见端倪。中兴通信在 2014 美国 CES 消费电子展展会上发布了自己的首款智能手表。华为公司在 2014 世界移动通信大会上，重磅发布的 TalkBand 更让国人眼前一亮。奇虎 360 和小米科技均已涉足智能可穿戴设备，联想也透露正在开发功能更加先进的可穿戴眼镜。国内上市公司还有几家推出可穿戴产品，但是目前仍处于市场开拓阶段。九安医疗的可佩戴式手表计步器已经登陆欧美市场，北京君正将芯片放进果壳智能手表，奋达科技发布了 Smart Watch 智能手表。而国内还有更多的投入到可穿戴产品研发中的创业公司，比如滕海视阳、果壳、映趣科技、汉王、麦开等，它们相继推出智能手表、手环、挂件等不同的产品。如今，国内发展智能可穿戴设备产业的氛围正浓。

虽然可穿戴产品诞生时间不长，但其形态多样，功能各异。2013 年我国智能可穿戴设备产品形态主要包括智能眼镜、智能手表、智能腕带、智能跑鞋、智能戒指、智能臂环、智能腰带、智能头盔、智能纽扣等，其中智能手表市场占比最多，为34%，最根本的原因在于消费者已有手表使用习惯，而智能手表的功能性、便携性更容易得到消费者的肯定；其次是智能手环/腕带（23%）、智能挂件（8%）、其他类产品（13%）（智能秤、智能温度计、心率监测器等）。

我国学者也在20世纪90年代后期开展可穿戴智能设备研究，在国家自然科学基金委员会的支持下，由中国计算机学会、中国自动化学会、中国人工智能学会等主办召开了三届全国性的智能可穿戴设备学术会议。另外，国家自然科学基金委员会和国家"863"计划也支持了多项智能可穿戴设备相关技术产品研发项目。但我们清楚地认识到，可穿戴技术的研究涉及软件、硬件、互联网、工业设计等多个方向。相关的行业标准还未建立，也存在功耗、面板等一系列技术瓶颈。所以，加强上下游产业链的联动，共同开展技术研究和标准制定，发挥各自企业的专长和优势，共同促进产业的发展，就显得尤为重要。在此背景下，由中国电子学会发起，中国工程院倪光南院士担任名誉理事长，国内外数十家企业和科研机构积极响应，共同发起成立"中国可穿戴计算产业推进联盟"。

艾媒咨询（iiMedia Research）数据显示，2012年中国智能可穿戴设备市场各种设备出货量达到230万部、市场规模达到6.1亿元；预计到2015年我国市场智能可穿戴设备市场出货量将超过4 000万部、市场规模达到114.9亿元。2012年我国可穿戴便携移动医疗设备市场销售规模达到4.2亿元，预计到2015年这一市场规模将超过10亿元。随着全球智能可穿戴设备市场的逐渐兴起，我国智能可穿戴设备市场也将迎来高速增长，而我国市场将逐渐成为全球智能可穿戴设备市场的核心。不同形态的各种智能可穿戴设备也将从各个方面进入人们的生活，智能可穿戴设备接下来将会成为市场热点。

2013 年根据相关数据显示，我国消费者对于智能可穿戴设备的认知度在不断提高，在了解过智能可穿戴设备的用户中有 52.5% 是通过网络了解的。艾媒咨询（iiMedia Research）数据显示，在对智能可穿戴设备有所了解的用户中，有 68.9% 的受访者表示会考虑购买智能可穿戴设备。我国消费者对可穿戴产品购买意愿调查结果如图 1.29 所示。

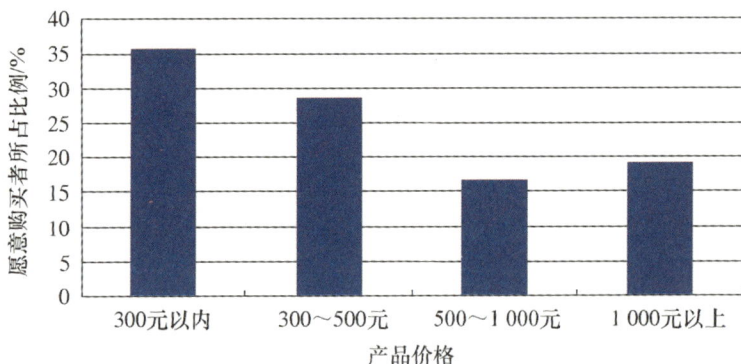

图 1.29　我国消费者对可穿戴产品购买意愿调查

从图 1.29 可以看出，随着全球智能可穿戴设备市场的日益兴起，我国智能可穿戴设备市场也将迎来高速增长，并逐渐成为全球核心市场之一。不同形态的各种智能可穿戴设备将从各个方面进入人们生活。消费者对于智能可穿戴设备的功能在不同阶段、面向不同群体将会有不同的需求，智能可穿戴设备如能通过发掘用户需求、解决用户痛点，将会有较大发展的空间。智能可穿戴设备对于其他消费类电子产品的冲击作用在短期内不会出现，但在未来几年内，这种冲击将可能给其他形态的产品带来巨大的威胁，这种威胁可能是颠覆性的、革新性的。未来几年，智能可穿戴设备将从概念热真正走向产品热，发展前景广阔。伴随着智能可穿戴设备市场的发展，市场竞争也将趋白热化。可穿戴技术目前虽然仍处于初期阶段，但可穿戴市场广阔的前景已经引起部分行业巨头的高度关注。

　　智能可穿戴设备市场尚处孕育阶段，企业若想在市场上占据一席之地，需从产品功能性上发力，注重与其他同类产品的差异性，同时也不能忽略价格、款式等其他因素。艾媒咨询（iiMedia Research）数据显示，2013 年我国智能可穿戴设备潜在消费者期望功能调查结果如图 1.30 所示。

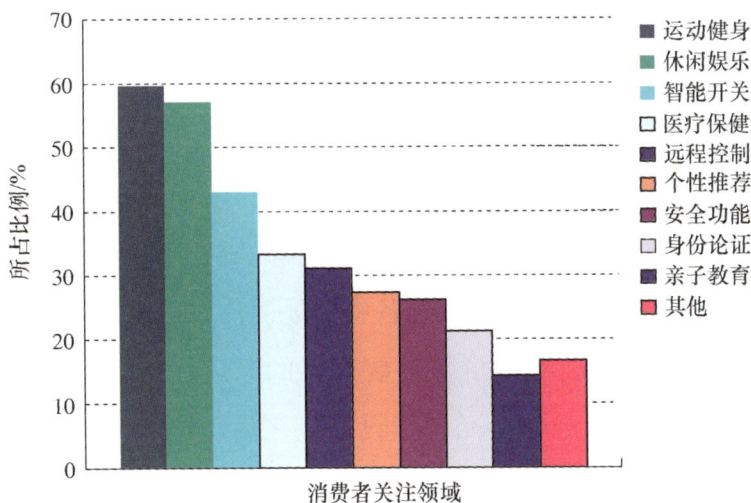

图 1.30　我国智能可穿戴设备兴趣调查

3. 北京发展现状及资源情况

　　随着智能可穿戴设备产业在国外和国内的认可、发展及兴起，近几年北京市的智能可穿戴设备产业也得到了迅猛发展。据估计到

2015 年，北京市场智能可穿戴设备市场出货量将超过 1 500 万部、市场规模达到 30 亿元。

在北京市科学技术委员会指导下，由北京君正集成电路股份有限公司、中国科学院微电子研究所、清华大学、北京生产力促进中心等单位筹备发起成立"北京智能可穿戴产业创新联盟"。

北京市拥有丰富的科研资源并涌现了一批研究、生产智能可穿戴设备技术或产品的机构。目前在可穿戴技术的芯片、电池、传感器及显示装备等硬件技术方面和人机交互、增强现实技术、大数据等方面均居于国内前列，部分技术达到世界先进水平。如中国电子信息集团（旗下各研究所对可穿戴各硬件技术研究均有雄厚基础）、爱传奇运动科技公司、北京君正（在芯片技术领域有自主核心技术）、至炫互动、曼恒数字技术有限公司、北京东方恩拓科技有限公司等企业以及中科院微电子研究所（传感器和显示屏幕技术有较好基础）、北京理工大学光电学院（增强现实技术居于国际前列）、北大 MEMS 研究中心、北京大学先进电池材料理论与技术实验室、北航机器人研究所、北工大计算机学院等机构均进行了与智能可穿戴设备中的关键技术相关的研究工作。

智能可穿戴产业要实现价值需要产品的制造组装、系统开发、应用服务设计、产品标准化、品牌建设完成之后，通过销售渠道最终抵达用户才能最终实现价值。而用户体验反馈又会改进产品形态，用户体验反馈的过程则是人机互动范围。由此我们可以看出要实现智能可穿戴设备产业的价值核心是用户体验。北京地区结合京津冀地区的优势资源发展智能可穿戴设备的产业链如图 1.31 所示。

目前北京地区拥有优秀的科研资源及丰富的企业资源，涉及智能可穿戴设备软、硬技术相关的企业、高校及研究所有很多，表 1.1 中列出北京有代表性的几家机构。

使用者体验决定智能可穿戴设备形态

制造组装　→　系统开发　→　应用服务　→　规范　→　品牌　→　使用族群

芯片技术	智能可穿戴设备整机组装	人机交互技术	智能可穿戴设备系统整合	网络传输	智能可穿戴设备服务支持	标准制定	智能可穿戴设备自主品牌	医疗健康类
传感器技术		无线通信技术		云端传输		公共授权		休闲娱乐类
屏幕技术		虚拟现实技术		社交媒体				生活服务类
供能设备		大数据传输		串流影音				军事类
机器人技术		制造技术						工业类
天线技术								

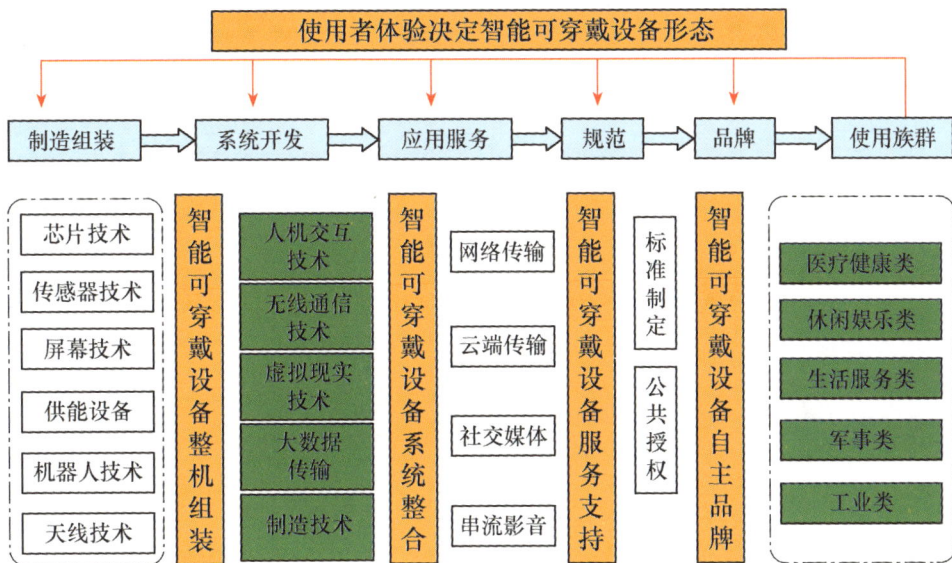

图 1.31　北京市智能可穿戴设备的产业链

表 1.1　北京智能可穿戴设备主要企业和院所

芯片技术	传感器技术	供能设备	机器人、人机交互技术	制造技术、虚拟现实技术	天线、无线传输技术
中芯国际	中国科学院微电子所	中芯国际	北京君正电路股份有限公司	北航特种功能材料实验室	北京同方微电子
北方微电子基地设备研究中心	北京理工大学光电学院	北京大学先进电池材料理论与技术实验室	北航机器人研究所	清华大学CIMS中心	北京市大同自动化系统工程公司
中国电子信息集团	北京大学机器感知与智能实验室	力神伟业科技(北京)有限公司	北理工仿生机器人与系统实验室	北京工业大学CAD实验室	牡丹集团
北京君正集成电路股份有限公司	北大MEMS研究中心	中国电子信息集团	安川首钢机器人有限公司	北京拓博尔机器人科技有限公司	北京兆维电子有限责任公司

续表

芯片技术	传感器技术	供能设备	机器人、人机交互技术	制造技术、虚拟现实技术	天线、无线传输技术
微电子研究所通信与多媒体SOC研究室	中国科学院微系统所	中商国通（北京）电子有限公司	北京大学机器感知与智能教育部重点实验室	北京北方微电子基地设备工艺研究中心有限责任公司	北京天安信通科技有限责任公司
北京君正华锐芯片测试科技有限公司	北京天锐驰能源科技有限公司	北京力劲博电源科技有限公司	北京汉库新源科技有限公司	北大微电子学研究院MEMS研究中心	盛天和科技北京有限公司

北京君正拥有全球领先的嵌入式 CPU 技术和低功耗技术。其采用了创新的微体系结构，创造性地推出了其独特的 32 位微处理器技术 XBurst，其主频、多媒体性能、面积和功耗均领先于工业界现有的 32 位 RISC 微处理器内核。基于 XBurst CPU 内核的 JZ47×× 系列微处理器芯片在电子、多媒体播放器、电子书、平板电脑等领域得到大量应用。

2013 年 8 月在 Macworld Asia2013 展会上，滕海视阳展出了旗下最新的健康产品"体记忆"智能手环（图 1.32）。"体记忆"智能手环和国外厂商推出的智能手环产品的本质功能并没有太大的差别，可以检测睡眠、运动和饮食等众多方面的数据信息，且都是利用传感器来捕获运动数据，再利用专门的算法对收集到的数据加以整理分析，并利用配套的程序展现出来。

由睿仁医疗（Raiing）推出的一款智能体温计 iThermonitor，可

图 1.32　体记忆手环

在一天 24h（或仅仅在夜间）的时间段内每 4s 一次描绘孩子的体温曲线。当体温数据高于或低于自主设定的阈值时，会主动通过配套 App（适用于 iOS 系统）向父母报警。这样父母将不必在半夜不停地起床测量，孩子也能得到安稳的睡眠。iThermonitor 传感器和手机等监控设备还可通过低功耗蓝牙（BLE）同步，所绑定设备只要处于同一 Wifi 环境下就可以实时映射，便于父母与孩子分处不同房间时即时掌握体温动态（图 1.33）。

图 1.33　儿童可穿戴体温计

由互爱科技推出的乐跑手环拥有多项独立的外形和发明专利，功能主打个人私教、运动记录、睡眠监测、卡路里计算等众多实用性功能，其产品定位为成为人们运动健康的贴身伴侣。2013 年缤刻普锐公司也推出了两款自主研发的智能可穿戴设备，一款产品可以测量人的内脏脂肪率、体重、基础代谢率、骨骼年龄和体内水分等多种多样的指标；另外一款产品可以测量人的睡眠方式、监测人的 30 多种运动方式。

在北京，对智能可穿戴设备软、硬技术提供支持的科研院所有很多，比如北京同方微电子主要从事集成电路芯片的设计、开发和销售，提供系统解决方案，并开发了可用于智能穿戴的智能卡芯片及配套系统；中国科学院微电子研究所通信与多媒体 SOC 研究室主要围绕通信与多媒体 SOC 芯片开展研究，开发了 SOC 芯片、TD-SCDMA 基带 SOC 芯片、WiMax 基带芯片、IPTV 多媒体处理器 SOC 芯片等；中国科学院微系统所的 MEMS 组研发的下游微系统工艺平台和微系统封装平台，对 MEMS 传感器和执行器技术以及光通信微系统有一定的研究成果。

再如滕海视阳、睿仁医疗、互爱科技、缤刻普锐、北京君正等生产型智能可穿戴设备企业在北京还有很多，如奇虎 360 的 360 智键、妈妈树的孕妇智能手表、众云在线的掌上心电、幻响神州的智能手环以及小米科技的智能鞋等。但这些生产型企业均离不开为智能可穿戴设备提供硬、软技术支持的机构。

4. 上海发展现状及资源情况

上海是中国通信产业、无线通信产业重要的制造基地之一，已形成了从芯片、系统设备、系统终端、终端平台到测试设备的较完整的产业链。2010 年上海市发改委明确了重点发展新一代信息技术、高端装备制造、生物医药、新能源、新材料等五大主导产业；提出实施大规模集成电路、物联网、云计算等 15 个专项工程。

2013 年 12 月 23 日上海市政府常务会议通过《上海市贯彻落实〈国务院关于促进信息消费扩大内需的若干意见〉行动纲要（2014—2017 年）》，从深化信息技术应用、激发信息消费需求潜力的角度，提出电子商务、数字文化、智能交通、数字教育、数字健康、智能家居、智慧社区、互联网金融创新、智能卡应用推广、"两化"融合等十项重点行动；从发展新一代信息技术产业、增强信息消费供给能力的角度，提出发展高端软件、集成电路、移动互联网、云计算与大数据、物联网、智能终端、新型显示、卫星导航等八个重大专项。

在2013年10月举办的浦江创新论坛上，智能可穿戴设备的市场前景得到认可，同时指出智能可穿戴设备目前还是新兴产业，尚没有举足轻重的"巨人"出现，不仅没有行业标准，也没有国际标准。这意味着，谁能抢先推出杀手级产品，谁就能率先抢得话语权。果壳电子CEO顾晓斌认为，"在智能手表这个产品领域，我们是走在前面的，这也是中国品牌实现对国际巨头'弯道超车'的机会。"

2014年1月15日，智能可穿戴设备委员会筹备会暨产业链年会在SEMI中国上海办公室召开，这标志着"智能可穿戴设备委员会（WDC）"正式成立。"智能可穿戴设备委员会（WDC）"由北高智、果壳电子、TCL、德赛、联想、长电科技、上海先进、上海新微电子、上海微系统所等13家企业和2家机构成员企业组成。智能可穿戴设备委员会的成立，将有利推动国内半导体产业的健康发展，通过SEMI的平台打造智能可穿戴设备的全产业生态链，进而制定和完善行业标准，更好地促进半导体产业可持续发展。

上海科技发展研究中心在2013年12月发布的科技发展研究中指出可穿戴式应用是未来值得关注的四大领域之一；2014年2月24日发布的《国内外智能可穿戴设备技术与产业发展态势》对国内外智能可穿戴设备的技术及产业发展历程、产品情况进行了梳理，指出国内智能可穿戴设备市场将迎来高速增长，2018年产值将达到140亿美元。

目前上海研发智能可穿戴设备的公司主要有两家，即果壳电子与百度。

果壳电子发布全球第一款智能戒指——GEAK 魔戒。GEAK 代表了机主的唯一身份，无需密码设置即可实现安全解锁、浏览个人资料、保护个人隐私等功能。与此同时，通过触碰对方手机便可留下自己的个人信息，照片、联系方式、微信、微博等均能快速保存（图 1.34）。

图 1.34　智能戒指——GEAK 魔戒

咕咚手环是首款基于百度云开发的便携式智能可穿戴设备，主打"运动状况提醒"、"睡眠监测"、"智能无声唤醒"三大功能。该手环是首款基于百度云开发的便携式设备，与百度云结合，用户可以把运动手环中所记录的数据实时汇总到百度云端，随时记录察看。不久的将来，咕咚网与百度云将进一步深度合作，蓝牙体重秤、蓝牙自行车码表等一系列手机智能配件将会陆续推出。

上海拥有一批为智能可穿戴设备制造、生产、研发提供软、硬技术的企业和科研院所。据上海市科学发展委员会 2014 年 2 月科技创新栏报道，上海已成为全球电子信息制造产业的新高地。在芯片制造和芯片设计方面，上海的基础在全国处于领先地位，有一批芯片制造生产厂商如中芯国际、中微半导体、理想能源、中晟光电；在无线通信设备与系统研发和制造方面，多家优秀的移动通信设备制造商，如华为、中兴通信、贝尔阿尔卡特等均入驻上海，成为上海在该行业领域的重要支柱性企业；在软件和网络方面，上海拥有诸如上海盛大网络发展有限公司、上海益盟软件技术有限公司、上海诺研信息技术有限公司、上海神灯网络科技有限公司等网络科技和软件公司。

上海新阳半导体材料股份有限公司（以下简称上海新阳），专业从事半导体行业所需电子化学品及配套设备的研发设计、生产制造和销售服务，致力于为用户提供化学材料、配套设备、应用工艺和现场服务一体化的整体解决方案。上海新阳先后两次承担国家科技重大专项"极大规模集成电路制造装备及成套工艺"项目。目前，上海新阳正致力于 TSV、Bumping、MEMS、Solar 等晶圆电镀、光刻胶剥离清洗等工艺所需高纯电子化学品与应用技术的开发，全力进军半导体制造业、先进封装制造业、太阳能产业等新型产业。

上海先进半导体制造有限公司专门制造仿真半导体及双极型混合讯号半导体。公司的客户包括部分全球领先的集成器件制造商及无生产线半导体公司。该公司生产的标准和专用半导体，由公司客户设计，产品用于各类终端市场应用方案，包括计算机、通信及电子消费品。

北高智科技有限公司专业从事元器件代理和方案提供，公司成立于 2000 年，总部设在深圳，销售网络涵盖全国。基于所代理的产品，针对不同的客户和市场，公司推出多种应用方案，提供相关支持，加快客户的产品化进程。在消费电子、无线通信、仪器仪表和 PC 周边产品等领域的不断成功，使该公司先后获得诸多国际著名芯片厂商在中国的授权代理权。

　　诸如上海新阳半导体材料股份有限公司、上海先进半导体制造有限公司、北高智科技等为智能可穿戴设备提供软、硬技术支持的机构还有很多，表1.2列出了部分具有代表性的相关机构。

表1.2　上海具有代表性的智能可穿戴设备相关机构

芯片技术	传感器技术	供能设备	机器人、人机交互技术	制造技术、虚拟现实技术	天线、无线传输技术
上海新阳半导体材料股份有限公司	中国科学院上海微系统与信息技术研究所	上海空间电源研究所	上海航天技术研究院	上海理工大学虚拟制造技术研究院	上海新蒲森国际贸易有限公司
上海先进半导体制造有限公司	上海华虹宏力半导体制造有限公司	上海电缆研究所	库卡机器人（上海）有限公司	上海上创超导科技有限公司	上海强力汽车配件有限公司
上海新微电子有限公司	上海矽睿科技有限公司	上海凯世通半导体有限公司	上海市机械自动化及机器人重点实验室	上海微电子设备有限公司	上海欣民通信技术有限公司
中国科学院上海微系统与信息技术研究所	上海贝特威自动化科技有限公司	上海佳柏特电池有限公司	上海交通大学机器人研究所	上海市存储器纳米制造技术重点实验室	上海英内电子标签有限公司
上海复控华龙微系统技术有限公司技术中心	中国航空工业集团公司上海航空测控技术研究所	上海白象天鹅电池有限公司	上海交通大学焊接工程研究所	上海模具技术研究所有限公司	上海杰盛通信设备有限公司
上海汶昌芯片科技有限公司	中国科学院上海微系统与信息技术研究所	上海能行电子科技有限公司	上海新松机器人自动化有限公司	上海交通大学微纳科学技术研究院	上海锐超电子有限公司

5. 深圳发展现状及资源情况

　　借助自主研发、创新驱动，深圳已成为全国电子信息产业重镇，年产值突破万亿，是全国乃至全球重要的通信设备、平板显示、计算机及外部设备、电子元器件，以及家用视听和软件的研发、生产、出口基地；形成了较为完善的电子信息产业规划和政策，2009 年深圳出台了《互联网产业振兴发展规划》，2011 年出台了《新一代信息技术产业振兴发展规划》，2012 年出台了《关于促进科技和金融结合的若干措施》，2013 年出台了《关于进一步促进电子商务发展的若干措施》、《关于全面推进信息化发展加快建设智慧深圳的指导意见》以及《关于加快深圳软件和集成电路产业发展的若干措施》等系列文件。

2009 年深圳市印发《深圳市关于〈珠江三角洲地区改革发展规划纲要（2008—2020 年）〉的实施方案》，文件中提到打造以自主技术为主体的先进制造业基地，发展技术装备制造产业，建设世界级电子信息产业基地。

2013 年 11 月，智能可穿戴式电子设备技术发展论坛（CWEF2013）在深圳高交会举行，来自美国半导体行业协会及业内的低功耗主芯片/处理器、柔性显示与触控模组、传感器/MEMS、无线充电技术/电源管理 IC、短距离传输通信模块、人机交互技术、操作系统/软件、云服务及应用提供商等企业参加论坛，论坛以下一代智能终端及移动互联网新机遇为主题，邀请了国内外可穿戴式智能设备产业链上下游厂商，针对智能可穿戴设备的技术和市场发展、未来产品形态及其商业模式进行深入讨论，共同探讨穿戴式智能电子产业未来的发展思路。

2014 年 4 月，中国（深圳）穿戴式智能电子开发及应用峰会暨展览（CWTS2014）在深圳举行。大会重点关注穿戴技术给移动健康管理、移动医疗带来的变革，把移动健康管理、移动医疗、云计算和可穿戴技术结合起来，在本土智能可穿戴设备开发企业和国际知名半导体企业之间构建沟通的平台，推进可穿戴技术在健康、移动医疗领域的发展，并展示推介最新的可穿戴应用技术，介绍领先的元器件和解决方案以及应用于移动健康、医疗领域的云计算和大数据分析方案，成为穿戴设备的开发者和制造者提供、展示新技术和新产品的最佳平台。

发展智能可穿戴设备产业，深圳市拥有一批行业龙头企业提供智能可穿戴设备的软、硬技术支持，通信设备行业的华为、中兴，互联网产业的腾讯，计算机制造业的鸿富锦、联想、长城科技，家用视听行业的创维、TCL、康佳，已成为家喻户晓的"龙头"和名牌；研祥、航盛电子、朗科等一批创新型企业，逐渐成为各细分领域的代表性企业。

《深圳商报》2013 年 8 月报道，依靠强大的硬件、软件设计和生产能力，深圳涌现出了不少相关创业团队，涉及智能手表、计步器、智能手环、头箍可智能可穿戴设备的各个领域，他们正力争占据各个细分领域的领先地位，并在时间上"快人一步"，甚至早于国际相关龙头企业推出各种概念产品。

深圳市宏智力科技有限公司是一家从事研发儿童教育类游戏软件公司。2013 年 6 月推出了其自主研发的第二款产品 Brainlink，这款产品通过芯片检测大脑生物电的原始波信号，然后再转化成像专注力、放松度、疲劳度。人们带上头箍，直接打开手机，进入游戏界面。该产品共有 10 款应用，包括针对小孩专注力和放松度的意念力蚂蚁、意志力塔防，以及适合压力比较大人群的意志力瑜伽等。其还可通过大脑波段的变化来调节人们大脑专注力和放松度的运用，以达到正常健康的状态。

优美集团（UMEOX Group）正式成立于 2005 年，是一家位于我国深圳的国际化手机 OEM/ODM 专业设计制造集团，具备了从产品研发、外观设计、上下游产业链制造的全产业链控制能力。深圳优美通信科技推出了 360 儿童卫士手环，优美科技提供产品结构设计，360 公司负责软件开发。这款具备安全属性的智能手环是 360 公司推出的首款智能可穿戴设备，但功能仅限于定位与单项监控，并不算严格意义上的智能产品（图 1.34）。

图 1.34　360 儿童卫士手环

深圳映趣科技公司正式发布 inWatchOne 智能腕表，该手表可以打电话、发短信、拍照、导航以及测量运动耗能（图 1.35）。该表安装了基于 Android4.0 的定制系统，支持 GSM 网络，插入 SIM 卡便可通话，具备接收邮件、健康监测、运动识别等功能；还能运行微博、QQ 等社

图 1.35　inWatchOne 智能腕表

交工具。深圳映趣科技公司还发布了智能手表 inWatch Z、inWatch One C、inWatch Junior、inWatch health Care 等多款智能产品。

深圳市奋达科技股份有限公司致力于开发电声产品、移动互联音频技术、健康电器等产品领域。技术中心配备了世界先进的研发、检测、实验设备和设计软件，在 2014 年奋达公司推出了 CES2014 智能可穿戴设备（图 1.36）。

图 1.36　CES2014 智能可穿戴设备

在深圳，对智能可穿戴设备软、硬技术提供支持的科研院所有很多，表 1.3 列出了有代表性的相关机构。

表 1.3　深圳具有代表性的可穿戴技术支持相关机构

芯片技术	传感器技术	供能设备	机器人、人机交互技术	制造技术、虚拟现实技术	天线、无线传输技术
深圳市射频集成电路重点实验室	深圳市传感器技术重点实验室	深圳科士达科技股份有限公司	中国科学院深圳先进技术研究院	深圳市数字化制造技术重点实验室	摩比天线技术（深圳）有限公司
国民技术股份有限公司	深圳机眸传感器科技有限公司	深圳市博富能电池有限公司	深圳众人机器人技术有限公司	深圳市现代设计与制造技术重点实验室	深圳飞宇信电子有限公司

芯片技术	传感器技术	供能设备	机器人、人机交互技术	制造技术、虚拟现实技术	天线、无线传输技术
深圳市泽万丰电子有限公司	深圳恒敏传感科技有限公司	欧力王电子（深圳）有限公司	深圳中科得利智能技术有限公司	深圳市模具先进制造技术重点实验室	深圳华士捷通信器材有限公司
深圳市麦科器普科技有限公司	美特斯工业系统（中国）有限公司	信湖新能源电子（深圳）有限公司	北京大学智能机器人开放实验室	深圳市哈波智能科技有限公司	深圳市信维通信股份有限公司
深圳清华大学研究院	深圳市联兴特传感技术有限公司	深圳市圣力源电池有限公司	深圳市银星智能科技股份有限公司	新利实业（深圳）有限公司	深圳市康源新通信技术有限公司
深圳市永利佳科技有限公司	深圳市富安达智能科技有限公司	深圳市爱维特赛威电子科技有限公司	深圳市新松机器人自动化有限公司	深圳科安信实业有限公司	深圳普诺玛商业安全设备有限公司

（三）智能可穿戴市场发展趋势

1. 开放型市场

目前，智能可穿戴设备市场的发展尚处于初级阶段，其未来发展可以容纳来自各领域的不同业务内容。智能可穿戴设备市场的发展将促使可穿戴相关技术的不断完善、成熟，在微型化、材料、续航、交互、感知等方面将有所突破。智能可穿戴设备将带来海量的实时大数据，并应用云计算为高科技创业企业提供前所未有的机遇与挑战。在智能手机的创新空间逐步收窄和市场增量接近饱和的情况下，智能可穿戴设备作为智能终端产业下一个热点已被市场广泛认同。前期包括奋达科技、九安医疗等公司推出的智能可穿戴设备均引起市场的强烈反响，而近期消费电子巨头三星推出智能手表 Gear，预示着智能可穿戴设备进入到新的阶段。

到目前为止，虽然很多厂商都在努力，但是这个市场还没有出现优势显著的领跑者。据埃森哲统计，耐克、Fitbit 和其他的健身品牌占据了大约 90% 的智能可穿戴设备销售份额，但是索尼、Pebble 和其他厂商推出的智能可穿戴设备在功能上更加丰富。三星也已经推出自己的智能手表 Gear 并展开了强大的营销攻势，但是目前还不清楚它的发展前景。这说明任何人都有可能开发和推出畅销产品，即便是名不见经传的小厂商也有机会。对于某些厂商如苹果来说，它们也有很多的机会推出一些"震惊全场"的设备。但是有一点是可以肯定的，那就是现在还没有哪一家厂商推出能够真正吸引大众消费者的智能可穿戴设备。

2. 健身医疗类是热点

在智能可穿戴设备细分领域，健身医疗等初级领域仍然被研究机构看好。在目前的智能可穿戴设备销售业绩中，医疗设备占了绝大部分份额。从现在的趋势来看，这种情况还将继续下去。

分析人士认为，医疗卫生、信息娱乐、运动健康是热点；产品功能方面，互联（NFC、Wifi、蓝牙、无线）、人机接口（语音、体感）、传感（骨传感、人脸识别、地理定位、各类传感器）将是该类产品必不可少的功能，苏州固锝、汉威电子、共达电声等上市公司有望受益。

现在的很多智能可穿戴设备都很复杂，可用性反而较差。即便是专注于医疗应用的智能可穿戴设备也会继续改良和增加新的功能。新的感应器会让智能可穿戴设备检测到目前无法检测到的生物统计数据。例如，有些公司正在研究无创伤性血液化学成分感应器，它可以通过发射激光来检测血糖水平和其他指标。

3．新品牌的入驻

设计一款健身腕带或智能手表的难度或是成本造价并不会比设计一款智能手机或笔记本电脑更高。很多芯片厂商都希望为智能可穿戴设备市场的成长提供助力，它们正在努力尽可能地降低智能可穿戴设备的研发难度。

很多芯片厂商提供了参考设计，以便客户们能够重新定制自己的产品设计。它们还将所有的必要组件都整合到一块电路板上，以降低产品设计的难度。日前韩国两大电子巨头三星和 LG 公司双双宣布将推出搭载柔性 OLED 面板的智能手机产品，而这项技术有望扩大至穿戴式装置等应用上。

众筹网站 Kick starter 已经帮助很多像 Pebble 那样的公司白手起家，尤其是专注于智能可穿戴设备的公司。这种现象还将继续下去，但是芯片厂商们预计，专注于其他领域的公司也会进入这个市场，比如医疗保健和医学设备厂商，还有传统的手表厂商也会在它们的产品上打上"智能"的标签。

4．更趋于美学发展

目前市场上的绝大多数智能手表及谷歌眼镜都显得有些"笨拙"，即缺乏时尚元素。这种情况将很快发生变化，因为越来越多的厂商开始关注智能可穿戴设备的设计和个性。

在被大众消费者所接受之前，这些智能可穿戴设备必须看起来很像是用户真正想要佩戴的产品才行。现在的智能可穿戴设备有一个通病，那就是它们都千篇一律地配备着一块方形触摸屏。很多厂商已经开始采取措施来提高其智能可穿戴设备的时尚性。例如，Pebble 和

Martian 在今年的 CES 展会上展出的一些智能手表看起来更趋近于普通的手表而非智能设备，谷歌也发布了很多不同版本的谷歌眼镜，其中有些版本的镜框和镜片使用的就是与普通眼镜一样的材料。

5. 智能终端的改变

现在几乎所有的智能可穿戴设备都必须与另一部更加智能化的设备（比如智能手机）相连才能发挥出它的作用。例如，当用户收到电子邮件时，Galaxy Gear 可以发出电邮提醒并允许用户阅读一段内容，但是用户还是需要通过手机才能看到全部的内容并进行回复。

总有一天，市场上会出现不需要与智能手机相连就能发挥作用的智能手表和其他智能可穿戴设备。英特尔的贝尔称："智能设备将变得更加复杂，并不能真正发挥出智能化功能。这些设备必须是独立的，不需要借助于其他设备就能发挥出自己的功能，那样才能被大众消费者所接受。"

6. 低售价

喜欢尝鲜的人总是要为新产品付出更高的代价，如果是前所未有的新型设备，那么代价可能会更高。但是随着时间的推移和技术的发展，智能可穿戴设备的售价最终肯定会下降的。另外，较晚进入这个领域的很多新厂商肯定会以低价作为其产品的卖点。

分析人士认为，当前看好智能可穿戴设备的理由主要基于几个方面，首先是产业链逐步完善，当前硬件技术的发展已经能满足智能可穿戴设备的普及，随着三星、苹果等巨头相继进入市场，整个供应链的生态将得到极大的提升，另外移动互联网技术的成熟将给智能可穿戴设备带来良好的用户体验，随着网络技术的不断完善，消费者能够更加接受此类产品；再者，当前消费者已经不再满足于智能终端的电话和视频功能，更多领域的应用将更加契合智能可穿戴设备；最后，当前 PAD 电脑化、手机 PAD 化的趋势明显，未来接听电话、收发邮件等相对简单的功能有望独立出来，而智能可穿戴设备的便携性较佳，用户完全可以通过此类终端实现以上功能。

综合起来看，智能可穿戴设备成为未来的移动设备主流只是时间的问题了。

第二章　智能可穿戴设备硬件技术

随着智能可穿戴设备爆发年的到来，我们正站在一个新的起点，一场新工业革命的起点。和历次工业革命一样，硬件创新依然是这场革命最基础的主题。可穿戴技术是目前参与者最多、关注度最高的硬件创新领域，也可以说是当前硬件创新的一个缩影。国家发改委的相关通知提出了产业技术方向，如低功耗、人机交互、系统设计等，这几点分别对应芯片、电池、面部识别等技术。与智能装备类似，不难看出智能可穿戴设备的硬件技术涉及很多方面，主要包括芯片技术、传感器技术、低功耗技术、显示技术、机器人技术等。

一、芯 片 技 术

1. 概述

作为电子产品的核心与灵魂，芯片决定了智能可穿戴设备的功能甚至外观，恰当的芯片可以成就一款造成轰动效应的产品。芯片技术是一项新兴产业，主要分为基因芯片技术、倒装芯片技术、生物芯片技术、组织芯片技术、蛋白质芯片技术、DNA 芯片技术、液相芯片技术、芯片封装技术。

　　"倒装芯片技术"这一名词包括许多不同的方法。每一种方法都有许多不同之处，且应用也有所不同。例如，就电路板或基板类型的选择而言，无论它是有机材料、陶瓷材料还是柔性材料，都决定着组装材料（凸点类型、焊剂、底部填充材料等）的选择，而且在一定程度上还决定着所需设备的选择。

　　生物芯片技术是通过缩微技术，根据分子间特异性地相互作用的原理，将生命科学领域中不连续的分析过程集成于硅。基因芯片用途广泛，在生命科学研究及实践、医学科研及临床、药物设计、环境保护、农业、军事等各个领域有着广泛的用武之地。生物芯片能为现代医学发展提供强有力的手段，促进医学从"系统、血管、组织和细胞层次"（第二阶段医学）向"DNA、RNA、蛋白质及其相互作用层次"（第三阶段医学）过渡，使之尽快进入实际应用。

　　组织芯片（tissue microarray）技术是 20 世纪 90 年代末期才刚刚兴起的高科技生物技术，它是将数十个甚至数千个不同个体的组织标本集成在一张固相载体上所形成的组织微阵列，简称组织芯片，是 DNA 芯片技术的发展和延伸。

　　蛋白质芯片技术是一种新型蛋白质分析技术，基于 1995 年所提出的光学生物传感器的概念，可以在很小的表面积上，通过表面格式化和表面改性，以阵列式集成多种蛋白质活性，利用生物分子的特异结合性和高分辨的光学成像相结合，仅需微量生理或生物采样，即可同时检测、识别和纯化不同的生物分子和研究分子间的相互作用。

　　液相芯片技术是一种芯片技术与流式细胞术相结合的新技术，即将 DNA、抗体等附着于微球表面作为探针，在液相中与待测物结合，再加入荧光标记的报道分子，借助流式细胞仪检测微球表面荧光标记物。液相芯片适用于各种蛋白质和核酸的分析。

英特尔 CEO 保罗·欧德宁（Paul Otellini）表示，英特尔已开始对 7nm 和 5nm 制程技术的研究。此外，英特尔目前计划在美国的俄勒冈、亚利桑那和欧洲爱尔兰的工厂中部署 14nm 制程生产线。韩国三星也由 20nm 向 15nm 进军，成为芯片一霸。反观我国，芯片还停留在 40nm，且并没有量产。我国如果不赶快从硬件芯片加工方面追赶上来，将对我国的产业升级带来不利影响；同时我国的手机、电脑、平板电脑、电器等需要大量的芯片，如果这些关键器件长期依赖进口，将使我国今后一段时间仍然沦为低端加工基地，无出头之日。

基于低成本、低功耗、高传输速率无线通信技术实现的可穿戴医疗芯片系统方案（图 2.1），有助于病人在日常工作、生活中实时采集身体的基本生命参数，通过减少医患面对面的问诊时间、缩短病人在医院的等候时间，从而缓解目前医务资源不足的问题，同时也提高患者就医的质量。可穿戴式医疗芯片由于体积小、功耗低、使用成本低，患者较易于接受，庞大的潜在消费市场前景吸引了多家芯片设计公司（如 Philips、Zarlink、Ti 等）加入到其研发和商业推广中。

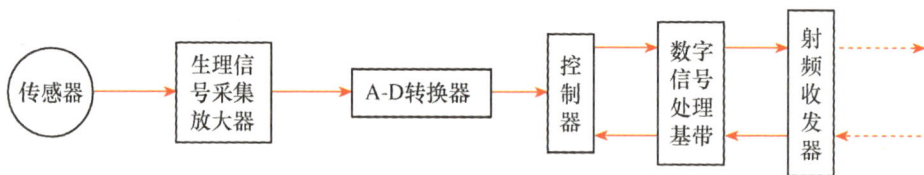

图 2.1　可穿戴医疗芯片系统结构图

随着集成电路技术和生物医学工程技术的发展，越来越多的可穿戴式医疗芯片和微系统被开发出来，广泛应用于人类医疗、健康监护等领域，如穿戴于指尖的血氧传感器、腕表型血糖传感器、腕表型睡眠品质监测器、睡眠生理检查器、腰带式呼吸心跳监护仪、可植入型身份识别组件等。无线可穿戴式医疗微系统由一些安置在人体体表的无线传感器组成，如人们平时穿戴的衣帽、腕表、首饰等，都可以用来置入微型可穿戴式医疗芯片。由于置于体表的不同部位，不同传感器之间以及和主处理显示芯片之间的大量导线连接，势必给使用者带来极大的不便，无线通信技术作为导线的替代传输方式，其优势就显得尤为突出。

目前，大多数无线通信技术都专注于提高无线数据的传输速率，而用于穿戴式医疗系统的无线传输技术还必须同时考虑尽量减少无线信号传输过程中的功耗。可穿戴医疗芯片上用于收发无线信号的收发器部分通常是整个医疗芯片中能耗最大的部分，为了方便客户长时间的穿戴使用，无线传输部分电路的功耗无疑是穿戴式芯片设计者需重点考虑的问题。围绕着低功耗、高传输速率这些目标，Zarlink、Nordic、Philips、chipcon 等公司都陆续推出了超低功耗射频收发芯片的解决方案。

早期的人体医疗监护的短距离无线通信芯片研究，很多采用ASK FSK 调制、低功耗、简单的晶体振荡器充当发射器，这种结构只能传输单一的人体体征数据，性能不高，且晶体振荡器频率低，开关启动时间较长，造成通信传输速率很低。在过去的十几年里，人们又提出了一些基于电感耦合线圈通信的新型电路和系统，但这种基于电感线圈的方案同样存在通信质量差、传输速率低、传输时间长的问题，这就等于降低了通信效率，变相减少了供电电池的使用时间。

在日益增长的无线健康监护需求的推动下，各国科研机构和各大芯片公司都竞相在这一领域针对这些要求开展了大量的应用研究和开发，其中极具代表性的有：加拿大 Zarlink 公司开发的 ZL70101 射频收发芯片、英国 Toumaz 公司开发的 Sensium 系统芯片以及美国 UC Berkeley 大学无线节点网通信芯片研究小组设计的 2.4 GHz、400mV 供电电压的低功耗射频收发芯片和韩国科学院研发的人体通信无线收发芯片。

随着生物医学工程技术和微电子技术的不断发展，可穿戴式医疗芯片也在逐步走向微型化、网络化。当前的可穿戴式医疗芯片必然走向系统全集成 SOC，以达到微型化和低成本的目的；同时，芯片上集成射频收发电路部分，也使传感器的节点信号可以方便、实时地传输出去，以使人体的健康状况得到随时随地的移动监控。

2. 国内相关的芯片生产企业

国内有许多公司进行自主芯片研制工作，一些骨干企业如下：

(1) 中芯国际集成电路制造有限公司

中芯国际集成电路制造有限公司是国内规模最大、技术最先进的集成电路芯片代工企业。在技术方面，其在国内最早实现 65nm/55nm 技术的量产；拥有国内最先进的 45nm/40nm 试生产技术；具备国内唯一的 32nm/28nm 技术研发能力，于 2013 年第二季度末、第三季度初实现 28nm 工艺，同时计划 2015 年底实现 22nm/20nm 工艺。

(2) 北京君正集成电路股份有限公司

北京君正集成电路股份有限公司拥有全球领先的嵌入式 CPU 技术和低功耗技术。采用了创新的微体系结构，创造性地推出了其独特的 32 位微处理器技术 XBurst，其主频、多媒体性能、面积和功耗均领先于工业界现有的 32 位 RISC 微处理器内核。基于 XBurst CPU 内核的 JZ47×× 系列微处理器芯片教育电子、多媒体播放器、电子书、平板电脑等领域得到大量应用。JZ47×× 系列芯片产品已成为我国出货量最大、应用领域最广的自主创新微处理器产品。集计算、互联、传感器于一体的智能互联设备平台——Newton，应用于各个行业和各种产品中，比如智能可穿戴设备、健康医疗、智能家电、生物识别、工业控制、消费电子、移动物联网等各个领域（图 2.2）。

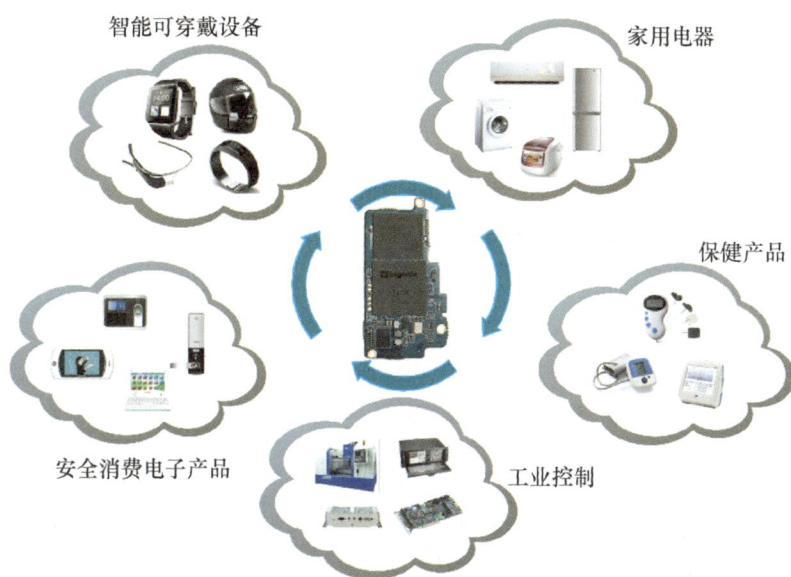

图 2.2　智能互联设备平台

（3）北京同方微电子有限公司

北京同方微电子有限公司的主要产品为智能卡芯片及配套系统，包括非接触式存储卡芯片、接触和非接触的 CPU 卡芯片及射频读写模块等。公司提供的芯片及解决方案涵盖了移动通信、金融支付、身份识别以及信息安全等方面，广泛应用在电信 SIM 卡、金融 IC卡、移动支付卡、USB-Key、社保卡、城市通卡、居民健康卡、居住证等方面以及可信计算、非接触读写机具等市场。

（4）深圳方正微电子有限公司

深圳方正微电子有限公司（FMIC）为全球 IC 设计公司提供晶圆代工产品及服务。目标产品定位于市场需求旺盛及适合 6in 和 8in（规划中）、0.5 ~ 0.13μm 的集成电路芯片，可广泛应用于各种消费类、通信类、电源管理、LED 驱动等电子产品。

目前主打生产工艺 0.5μmCMOS 及 HV40VCMOS 工艺，已发布设计规则（DR）、电学设计规则（EDR）、器件参数模型（Model）、设计规则检查（DRC）、版图与电路检查（LVS）等成套设计服务资料库。该公司提供的多项目晶圆服务 MPW（multi product wafer）是将多个可以使用相同工艺的产品（集成电路设计）放在同一晶圆片上流片，流片后，每个设计品种可以得到数十片芯片样品。

表 2.1 列出了国内主要生产芯片的企业。

表 2.1　国内芯片相关生产企业

企业名称	简　介
北京君正集成电路股份有限公司	主要从事研制自主创新 CPU 技术和产品，目前已发展成为一家国内外领先的嵌入式 CPU 芯片及解决方案提供商。产品主要有 XBurst32 位嵌入式 CPU 技术；JZ47×× 系列微处理器芯片
北京同方微电子有限公司	主要从事集成电路芯片的设计、开发和销售，并提供系统解决方案。产品主要有智能卡芯片及配套系统，包括非接触式存储卡芯片、接触和非接触的 CPU 卡芯片及射频读写模块
深圳方正微电子有限公司	以成熟稳定的工艺技术和一流的设备、技术团队实力为全球 IC 设计公司提供晶圆代工产品及服务。产品主要有适合 6in 和 8in（规划中）、0.5~0.13μm 的集成电路芯片，可广泛应用于各种消费类、通信类、电源管理、LED 驱动等电子产品
中国科学院微电子研究所通信与多媒体 SOC 研究室	主要围绕通信与多媒体 SOC 芯片开展研究。产品主要有在 GPS/伽利略等卫星导航接收机 SOC 芯片、TD-SCDMA 基带 SOC 芯片、WiMax 基带芯片、IPTV 多媒体处理器 SOC 芯片等前沿领域开展研究开发工作

企业名称	简　介
中芯国际集成电路制造有限公司	是世界领先的集成电路晶圆代工企业之一，也是中国内地规模最大、技术最先进的集成电路晶圆代工企业。产品主要有提供 0.35μm 到 45/40 纳米晶圆代工与技术服务
上海汶昌芯片科技有限公司	专注于微流控芯片科技的研究和开发，以应用类芯片系统为核心产品。产品主要有微流控芯片、Micro-fluidic、生物芯片、微流控芯片设计制作加工、微流控芯片应用试剂盒
大连路美芯片科技有限公司	专业从事高品质 LED 半导体发光芯片和 LD 激光芯片的研发、生产与制造。产品主要有 LED 芯片
天津南大强芯半导体芯片设计有限公司	集产学研为一体的专门从事大规模集成电路设计开发的高新技术企业。有主要从事专用大规模集成电路的设计和开发，为客户提供具有自主知识产权的芯片
北京华锐芯片测试科技有限公司	经营以下产品：IC 烧写器、IC 烧录机、IC 测试架、芯片烧写机、芯片烧录器等。产品主要有非标治具、气动测试工装夹具治具、过锡炉托盘治具、测试针床、IC 烧录机
苏州汶颢芯片科技有限公司	是中科院下属公司，以分析检测仪器为基础的集研发、生产和销售为一体的专业分析检测技术公司，是国内最大最全的实验室分析检测仪器、组件、配件、耗材供应商。产品主要有微流控芯片、实验室设备
深圳市航顺芯片技术研发有限公司	是一家完全国内独资的集成电路设计企业，已成为开发和生产非易失性存储器产品 EEPROM、低功耗高耐压电源管理 LDO、DC/DC 升降压、LCD 驱动等系列芯片的领导者之一。产品主要有稳压 IC、驱动 IC、存储器 EEPROM、集成电路
成都芯联创电子科技有限公司	主要从事集成电路产品的设计、开发、应用、销售，并代理销售世界知名厂家集成电路、电子元件。产品主要有集成电路、电子芯片、集成电路块半导体、半导体器件
深圳硕芯科技有限公司	一家专业从事电源管理类模拟集成电路开发的设计公司。产品主要有升压芯片、降压芯片、LED 驱动芯片、充电芯片

二、传感器技术

传感器是一种检测装置，能感受到被测量的信息，并能将感受到的信息，按一定规律变换成为电信号或其他所需形式的信息输出，以满足信息的传输、处理、存储、显示、记录和控制等要求。它是实现自动检测和自动控制的首要环节。人们为了从外界获取信息，必须借助于感觉器官，而在研究自然现象和规律以及生产活动中单靠人们自身的感觉器官的功能就显得远远不够了。为适应这种情况，就需要传感器。因此可以说，传感器是人类五官的延伸，又称之为电五官（表2.2）。

表2.2　功能与人类五大感觉器官对应关系表

人类感官	视觉	听觉	嗅觉	味觉	触觉
传感器类型	光敏传感器	声敏传感器	气敏传感器	化学传感器	压敏、温敏、流体传感器

随着近年来 MEMS、电子、无线通信等技术的飞速发展，智能可穿戴设备中的传感行为识别及其应用已经成为一个重要的研究方向。可穿戴传感应用中涉及的传感器主要包括四类，即视觉传感器、生物电信号测量传感器、力学传感器、定位传感器。

1. 视觉传感器

视觉传感器是指具有从一整幅图像捕获光线的数以万计像素的能力，图像的清晰和细腻程度常用分辨率来衡量，以像素数量表示。在捕获图像之后，视觉传感器将其与内存中存储的基准图像进行比较，以做出分析、判断。通过佩戴可穿戴视觉传感器，可以增强佩戴者对环境的感知能力，或借由传感器捕捉佩戴者的姿态（动作），增强其人机交互能力。英国著名科学家霍金先生，因身患严重的肌肉萎缩症，目前只能借助于可穿戴微型摄像头捕捉其眼球转动，从而完成与外界的交流。北京理工大学研制了可穿戴视觉系统，通过安装在头盔上的双目摄像头采集场景中的图像，经可穿戴计算机完成对人手的跟踪与手势识别，并由头盔显示系统展现人机交互效果；重庆大学等单位则基于可穿戴视觉系统开展了面向智能监控、关键场景图像采集等应用的研究。

2. 生物电信号测量传感器

生物电信号（如心电、脑电、肌电等）是人体生理状态的重要表征，可以为行为识别提供重要线索，其中脑电信号作为脑机接口技术研究的源信息，已成为神经医学领域的研究热点。脑机接口技术的出现为人类与外界的交互提供了一种全新的机制（与传统意义上的交互方式截然不同的是，提取的脑电信号被直接作为对外界的交流或控制信号，而不再依赖于传统的信息输出通路，如由大脑向外周神经和肌肉组织发送控制信号）。脑机接口技术的核心在于对脑电信号的有效解读，即对人体行为意识的准确识别。Moritz 等通过植入猴子大脑的探测电极获取其运动区神经元信号，并采用功能电刺激（functional electrical stimulation）方式对猴子进行训练，使其借助脑机接口重新获得控制瘫痪手臂的能力。在美国国防高级研究规划局（DARPA）的项目资助下，Doherty 等通过在猴子的大脑和体感区植入探测电极，以在感知其运动意图的同时对其提供触觉反馈信号，使猴子能够更好地把握对"虚拟手臂"的力道控制。国内也掀起了脑机接口技术研究的热潮。国家自然科学基金委员会"十一五"重大研究计划"视听觉信息的认知计算"将脑机接口技术列为重要研究方向之一。国内多家科研单位先后开展了脑机接口技术在癫痫发作预测领域的应用、瘫痪病患者的运动神经系统康复、基于实时脑机接口的无线遥控车系统等许多方面的应用研究。

肌电信号是肌肉收缩时伴随的一种生物电信号，其中表面肌电信号可以通过无损检测方式获得，且信号特征与人体的特定动作高度关联，因而采用表面肌电信号作为人机接口的控制信号已成为常用的研究手段。当处理可穿戴机器人应用时，主要使用肌电图记录。肌电图主要测量肌肉在收缩时的肌肉活动，并通过表面电极进行记录。肌电图可以被用来确定肌肉是否参与运动。例如，肌肉产生的力，通过对位于大腿部位肌肉（屈肌和伸肌）运动测量的肌电图信号的确定，构成一个反馈系统的一部分。这些传感器的主要缺点是它们对电极位置非常敏感，会引起错误判断。

3. 力学传感器

力和压力传感器通常用来实现阻抗反馈控制。力矩传感器可以用来测量使用者的腿和外骨骼间的相互作用，压力传感器用于大腿支撑处对肌肉运动的测量，这个压力信号被认为是与膝关节角度成正比的，它们也被用于测量鞋底面的反作用力。其他使用在外骨骼上的力和压力传感器用来确定受力、拉力、压力和加速度。

行为识别中最典型的可穿戴力学传感器包括压力传感器、加速度计、陀螺仪等。可穿戴外骨骼机器人（助力型或康复医疗型）、运动分析与诊断、日常行为监测、虚拟现实等多个研究领域几乎都脱离不了这类传感器。

可穿戴外骨骼机器人的传感与分析单元负责获取人的运动信息，并识别出相应的运动状态，相当于是整个系统的大脑。由洛克希德·马丁公司面向美国陆军研制的助力型可穿戴外骨骼机器人系统 HULC，通过安装在士兵足底的压力传感器采集其运动数据信息，并传送至可穿戴计算机进行人体动作识别，进而自主地驱动控制外骨骼机器人，确保其与人的行为动作协调统一；由德国 TTOBOCK 公司面向下肢残缺人士推出的穿戴式智能仿生腿 C-LEG，依靠位于膝关节处的角度传感器和位于踝关节处的力矩传感器获取人的下肢运动信息；由中国科学院合肥智能机械研究所、浙江大学、中国科学技术大学等科研单位分别研制的康复医疗型可穿戴外骨骼机器人，选用了压力传感器、力矩传感器、角速度传感器、加速度计等多种类型的传感器。

可穿戴力学传感器在运动分析与诊断方面正发挥着日益重要的作用。为了对游泳运动员的"划水"动作进行分析，Ohgi 设计了可在运动员手腕部位穿戴的加速度计和角速度计，并进行了水下实验。瑞士的 Xsens 公司于 2007 年推出的穿戴式 MVN 人体惯性运动捕捉系统，在运动分析与诊断的相关领域具有较强的应用价值。中国科学技术大学为国家体育总局研制了基于压力传感的可穿戴式数字运动鞋，可以获得运动员在行进全程中的步长、步频、速度、足部压力等重要运动参数信息，进而辅助运动员改进其竞技水平，该研究成果为我国在 2008 年奥运会上取得男子 20km 竞走项目历史最好成绩作出了直接贡献。

4. 定位传感器

可穿戴定位传感器（例如蓝牙 GPS 模块，基于 Wifi、WAPI 等各种无线传感网络协议的移动接入终端，或各种用于测向、测幅定位的超声波/红外/无线电波收发器、声音探测器等），虽然通常不能直接提供行为特征信息，但其可以告知"行为者在哪里"，从而为行为识别提供重要的环境上下文信息。

5. 可穿戴式传感器最新研究成果

（1）监测心脏的可穿戴式传感器

据2013年5月22日雷锋网报道，目前在斯坦福大学已经有研究人员开发出了一种新型的可穿戴式传感器——监测心脏的可穿戴式传感器，可以大大提高心脏监测的精度和实用性（图2.3）。

图2.3 穿戴式传感器

与医院的那些大型的监测设备不一样，这款传感器是用柔软的有机材料做成的，只有邮票大小，轻薄如纸，非常精致小巧。它可以戴于使用者的手腕或者粘在黏性绷带下贴于手腕处，这样它就能实时对使用者的脉搏进行监护以达到检测心脏的功能。由于它的轻便性，还能给正在进行手术患者和正在运动的人进行脉搏监测，以检测他们的心脏状况，并且该研究小组的下一个目标是希望通过手机无线连接该传感器以接收有关患者的检测信息更新，达到"远程医疗"的目的。

（2）小型可穿戴传感器

据比特网2013年报道，利物浦约翰摩尔斯大学的研究员提出了一种小型可穿戴传感器。这种可穿戴传感器比人类的大拇指还要小，由于它可以轻松贴在衣物上，传感器能通过无线实时将收集到的数据传输到指定设备中，对于医院来说，他们可以将这种传感器融合到病人的手环中，这样医护人员就能随时监控到病人的各项重要数据指标，具备了足够的便携性。另外，它所具备的高水平传感技术使其拥有了收集血氧含量等多项人体重要数据的功能（图 2.4）。

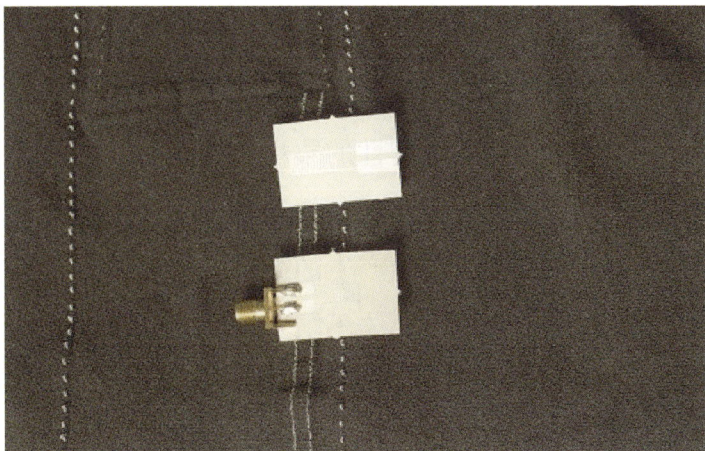

图 2.4　小型可穿戴传感器

（3）柔性仿生触觉传感器

柔性仿生传感器，是一种用于实现仿人类触觉、嗅觉、味觉、听觉、视觉等感知功能的人造柔性电子器件。该类器件在消费电子、军事、医疗健康等产业领域具有极大的应用潜力。随着柔性电子学的发展，近年来新型可贴附、可穿戴、便携式、可折叠的柔性电子学器件的研究受到国内外研究者广泛关注，并逐渐成为当前重要的前沿研究领域之一。该电子皮肤的原理是结合了具有微纳米结构的柔性基底和高灵敏度的导电纳米材料，利用导电材料受微小压力或触觉引起的电信号变化来检测人体各项生理指标，从而实现人体健康状况的实时诊断与评估。

据 CK365 中国测控网 2014 年 3 月 26 日报道，中国科学院苏州纳米技术与纳米仿生研究所张珽研究员及其研究团队，研制出一种新型可穿戴柔性仿生触觉传感器——人造仿生电子皮肤。由于该器件实现了对微小作用力的高灵敏度快速检测，对脉搏、心跳、喉部肌肉群震动等人体健康相关生理信号可以实时监测，在医疗领域有广泛应用前景。张珽研究员及其研究团队在前期碳纳米管导电薄膜可控制备的基础上，巧妙地以低成本的丝绸为模板代替昂贵且制备工艺复杂的硅基模板，实现了具有微纳米结构柔性导电薄膜的可控制备，构筑出具有高灵敏度、低检出限和高稳定性的柔性仿生电子皮肤。目前将该仿生电子皮肤应用于对脉搏、语音等人体生理信号的实时快速检测，通过对人体说话时喉部肌肉群运动产生的微弱压力变化及脉搏波形变化分析，初步实现了语音识别和人体不同生理状态的准确检测，有望在语音辅助输出系统、人体健康评价和疾病前期诊断方面获得广泛应用。

（4）新型纤维面料望取代可穿戴传感器

证券时报网（www.stcn.com）2014年2月10日讯，日本东丽公司和另一家日本公司NTT DoCoMo合作生产新型智能服装产品。该产品使用新型纤维负责大部分的传感数据，能够取代电子传感器，通过内置在衣服里面的信号传输器连接。其衬衫的基础面料覆盖导电纳米纤维，能够把数据传输到内置在衬衫里面的信号传输器，以此来实现可穿戴监测，获取心率以及日常健康概况。专家推测，DoCoMo发布该系列服装时很可能同时发布他们现有的健康应用软件，给用户提供更好的数据指标和更舒适的可穿戴技术服务。

6. 传感器发展趋势

（1）快速准确的目标检测与跟踪

基于多视角信息融合的三维人体行为识别，是解决视角变化和遮挡问题的有效途径之一，目前已经有一些研究者开展了一些工作，但针对的场景相对较为单一或仅在一些公共测试数据库进行了实验研究，这部分的工作还有待进一步深入。

此外，同时包含成像传感器和非视觉传感器的多模行为识别系统，或许也是一个值得研究的方向。多模态传感可以为行为识别提供互补信息，降低目标检测与跟踪的难度，或是弥补低质量的图像预处理对行为识别造成的不利影响。

（2）高识别率、高鲁棒性的行为表征方式

由于传感器数据采集过程中会受到各种因素的影响，提取的行为特征会引入一定的噪声；行为序列图像间也可能存在一定的视角或尺度差异。因此，有效的行为表征应当具有较高的鲁棒性，即在对训练样本具有较强描述能力的同时，从本质上挖掘出同类行为样本间的"共性"以及不同行为类别间的"个性差异"。

（3）行为识别的分类方法研究

识别率、识别的鲁棒性、特征样本稀疏性均是衡量分类性能的重要指标。其中，识别的鲁棒性要求分类方法能准确提炼出训练样本的统计特性；较好的特征样本稀疏性能削弱冗余信息对识别带来的不利影响，此外，改善稀疏性还可以显著降低识别过程的计算复杂度，这对于解决大规模数据库下的行为识别问题很有意义。

（4）复杂行为的识别

行为的组织结构不具备完全规则性，特定场景中的行为有可能对应的复杂时空关联和人际交互关系，一些研究者提出了化繁为简的思想，如 Moselund 等人建议将行为划分成三个层次，即 Motor Primitives、Action 和 Activity。其中，后一个层次由前一个层次的子集组成，即这三个层次的复杂度依次递增。

（5）行为识别性能的评估

行为识别性能的评估，即考察各种变化因素对识别性能的影响，这对于行为识别技术的推广应用具有重要意义，限于各种条件的制约，这部分的研究工作报道不多。Yu 等针对步态识别提出了一套算法评估框架，具有一定的借鉴意义。表 2.3 列出了国内传感器部分单位。

表 2.3 国内部分传感器相关单位

单位名称	研究方向
中科院苏州纳米技术与纳米仿生研究所	纳米研究国际实验室张珽及其研究的团队研制出一种新型可穿戴柔性仿生触觉传感器——人造仿生电子皮肤
中科院上海微系统与信息技术研究所微系统所	MEMS 组，下有微系统工艺平台和微系统封装平台，研究方向包括 MEMS 传感器和执行器技术研究、光通信微系统研究、生物芯片等
中科院微电子所电子系统总体技术研究室（六室）	从事现代新型通信、高端导航定位、无线传感网以及移动数字电视等系统的关键技术、核心芯片、模块与系统的研究开发
中国科学院微电子研究所微电子设备技术研究室（八室）	主要的科研方向为：32-22 纳米技术代新原理装备研究；极大规模集成电路及工艺研究；利用微细加工和集成技术研究创新型原理装备；微纳加工技术标准化研究
北京理工大学	复杂系统智能控制与决策重点实验室研究仿生机器人机理、感知与控制
中国天力集团（珠海）仪表有限公司	专业从事传感器、液位计、流量计、密度计——集科研、生产、销售为一体的综合性高新技术企业
深圳市中航电脑智能系统有限公司	从事自控系统集成和相关仪器仪表研发、生产、销售及服务，主营产品：温度传感器、温度变送器、差压变送器、差压开关、风管温度传感器、流量变送器、温湿度显示屏、一氧化碳变送器
福井传感器有限公司	中日合资微电子生产企业，主要产品有释热电红外传感器；红外信号处理电路；各种人体感应电气等
北京兴卧龙传感器科技开发有限公司	一个集科研、生产、销售于一体的高科技企业，已有十多年的生产历史。主营产品为温湿度传感器及温湿度测控仪表
宝鸡传感器研究所	先后研制开发出多种具有特色、适合国情的传感器系列产品，并以各行业专用和特种用途传感器而著称于国内军工、科技领域
杭州华东传感器有限公司	研制、开发、生产非标型、异型、特种型计量传感器，广泛应用于水、煤气、石油化工、食品、医疗、航空、铁路等领域

三、供能设备与低功耗技术

能量存储系统对于智能可穿戴设备的便携性来说至关重要。由于需要较高的效能和效率，电池、燃料单元和混合动力是目前可穿戴机器人最普遍使用的能量源，其他类型的驱动也有使用，比如超声波马达、气动人工肌肉。尽管电池技术没有像显示屏等技术一样飞速发展，但一些可穿戴领先企业仍寄望未来几年电池技术取得大突破。Atheer Labs 首席执行官 Soulaiman Itani 认为，未来 5 年，还会有其他方面的突破，比如远程充电会取得重大技术突破，以打破对现有电池的依赖。但目前来说电池仍是最大挑战，它要足够小，还要够用。

1. 锂电池

锂电池是电子产品行业当前的标准。消费者目前使用的所有电子产品包括 iPad、iPhone 和 Kindle 等均使用的是锂电池（图 2.5）。据

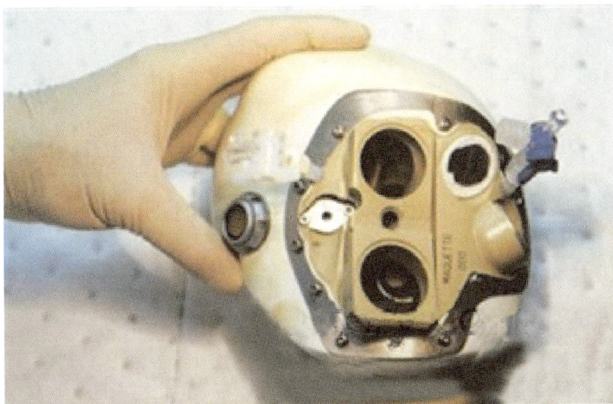

图 2.5 人造心脏图

国外相关媒体报道，法国生物医学企业加尔玛公司 2013 年 12 月 20 日宣布，该企业将研制的人造心脏成功移植入一名心脏病患者体内。病人术后神志清醒，能与家人交流。据悉，这种人造心脏由生物材料和一系列传感器构成，由体外可穿戴锂电池供能。

国内锂电池存在的三大问题：首先是制造的一致性问题。由于在锂电池的制造工艺和设备上存在差距，国内锂电池的生产工艺参差不齐，制造标准还达不到一致性。其次是知识产权问题。目前国内在磷酸铁锂电池的研究上已经取得突破，但是由于美国在这方面有专利，所以虽然我们在一些环节上能够自主研发，但是在知识产权问题上，还不知如何应对。再次是原材料的筛选问题。现在用于锂电池生产的原材料不可能全部进口，主要还是取自国内，但是国内的原材料要通过国际认证，生产出的锂电池才能被国际认可，所以在原材料认证环节上目前还存在一些问题。中顺电池研究预计到 2018 年，安装在可穿戴电子产品的电池总量中，锂聚合电池将占绝大比重，其收入将占到可穿戴式电子产品电池总收入的 73%。锂聚合电池通常是该类产品的首选，原因在于与传统的锂离子电池相比，它们的重量更轻，而且可以制造成各种形状和尺寸。

2. 柔性充电组件

柔性充电组件能编织进人们穿戴的织物类服装中。2013 年 11 月韩国科学技术学院（Korea Advanced Institute of Science and Technology）的一个团队研究了一种新型的织物，锂电子电池能直接织进这种织物中，而开发这种织物是为了方便那些携带智能可穿戴设备的人能随时为设备充电。该革新性织物由各种材料结合在一起组成了电池：镀镍涤纶纱用做集电器，聚氨酯作为支持黏结剂材料并且带有聚氨酯分离器。这样组成的新型电池经得起反复折叠而仍能够正常工作，该电池还能循环使用且性能较高。为了使它保持充电，他们还添加了太阳能柔性聚合物电池（PCDTBT）到织物的聚氨酯所在的同一处位置上。该技术前景良好，很有希望为提高可穿戴技术作出贡献，也为研究人员或业余爱好者研究出更好的可穿戴电池打下了基础。

3. 锌电池

2014 年 1 月 9 日，据国外相关媒体报道，一家名为 Imprint Energy 的初创公司已经开发出一种新型锌电池，这种锌电池具有超薄、可弯曲、不含有害物质、可充电以及电力比标准锂电池更强劲等特点。但是由于锂电池容易着火，另外为了保证电池的安全性，锂电池在包装上还有更多的要求，这些要求会让锂电池变得更厚，这就给电子产品厂商造成了一些限制。由于金属锌的毒性比金属锂要低一些，因此在可佩戴电子产品中使用 Imprint 的锌电池相对更安全一些。再加上 Imprint 还使用了显示屏印刷技术，可以让它的电池产品在外形和尺寸方面具有很大的灵活性，这项技术可能会完全改变可佩戴电子产品行业的现状。

4. 燃料电池

燃料电池（fuel cell）是一种将存在于燃料与氧化剂中的化学能直接转化为电能的发电装置。只要将燃料和空气分别送进燃料电池，电就被奇妙地生产出来。它从外表上看有正负极和电解质等，像一个蓄电池，但实质上它不能"储电"，而是一个"发电厂"。未来小型化的燃料电池将可用以取代现有的锂电池或镍氢电池等高价值产品，作为笔记本电脑、无线电电话、录像机、照相机等携带型电子产品的电源。

在所有燃料电池中，碱性燃料电池（AFC）发展速度最快，主要为空间任务，包括为航天飞机提供动力和饮用水；质子交换膜燃料电池（PEMFC）已广泛作为交通动力和小型电源装置来应用；磷酸燃料电池（PAFC）作为中型电源应用进入了商业化阶段，是民用燃料电池的首选；熔融碳酸盐型燃料电池（MCFC）也已完成工业试验阶段；起步较晚的固态氧化物燃料电池（SOFC）作为发电领域最有应用前景的燃料电池，是未来大规模清洁发电站的优选对象。

美国国防部赞助的"可穿戴电源奖"竞赛中，杜邦公司和德国一家名为 SFC 智能燃料电池公司的企业推出了 M-25 燃料电池，一种结合了燃料电池系统和直接甲醇技术的可穿戴电源。这种设备比传统电池轻 80%，但却能提供至少 72h 的持续供电。M-25 能持续不断地提供最低 20W、最高 200W 的电能。这可以说是电池性能上的一大飞跃，比美军现在携带的供电设备性能高 3 倍。在充电站数量稀少或者距离遥远的恶劣环境下，这些电池能够保证导航和通信系统在持续数天的任务中正常工作。

5. 自供能技术

（1）美研制出人体自供能"发电机"

据国内有关媒体报道，由美国所研制的自供能"发电机"在踢踢腿、扭扭腰、耸耸肩等这些看似无用的动作中，能产生机械能，这些微小的机械能被科学家派上了用场。美国佐治亚理工大学的科研人员日前宣布，他们研制出了一种可将这些机械能转变成电能的"纳米发电机"，能满足植入人体的医疗设备等供电需求，而无须通常的外接电池。

这种纳米发电机通过一种以氧化锌为材料的纳米电线的机械变形产生电流发电，实际是这种纳米电线的排列组合。它长 200 ～ 500nm，直径为 20 ～ 40nm。氧化锌纳米电线既是压电材料又是半导体材料，它可因机械变形产生电场，也可因电场作用产生机械变形，并具有机 - 电耦合效应，新研制的纳米发电机含有上百万根这种纳米电线。研究人员认为，如此多的纳米电线产生的电流足以驱动微型设备。

目前，科学家已开发出很多纳米级的微型设备，但这些设备的应用往往受到现有电池供能的困扰：一方面，对于微型特别是纳米级的设备来说，现有电池体积太大；另一方面，常规电池的毒性物质使得一些医疗用纳米微型设备无法植入人体。研制的纳米发电机不仅可以解决供电设备问题，而且其无毒的氧化锌纳米材料可以安全植入人体。此项研究是由美国国家科学基金会、宇航局航天器系统部门以及国防部先进技术研究局资助的。据报道，将来士兵还可以在军鞋中安装这种纳米发电机，通过行走就能为随身携带的微型设备供电，而不必在战场上背负沉甸甸的电池。

（2）自供能穿戴设备动向

和佳股份 2013 年 6 月 26 日午间公告，公司与纳米新能源（唐山）有限责任公司于近日就有关"实现在生命医疗科学领域以纳米发电机技术为基础进行高科技产品及新应用的开发、生产事宜进行了洽谈，并签署了"基于纳米发电机技术在生命科学领域应用的战略合作框架协议"。据公司公告介绍，和佳股份与纳米新能源有限责任公司的战略合作主要是开发生命科学领域的应用，与其主业医疗设备相关。协议中约定，纳米新能源公司是和佳股份在纳米发电机技术应用于生命医疗科学领域的唯一的合作伙伴；在价格合理和保证销售量的同时，双方同意授权和佳股份为产品的全国总经销；双方进行战略研发合作，在纳米发电机技术的基础上开发新产品、新应用、新市场，争取国家与地方政府给予各种支持，共同开发、开拓产品的国内、国际市场。

纳米发电技术其实是收集机械能，比如人体运动、肌肉收缩等所产生的能量；震动能，比如声波和超声波产生的能量；流体能量，比如体液流动、血液流动和动脉收缩产生的能量，并将这些能量转化为电能提供给纳米器件。这一纳米发电机所产生的电能足够供给纳米器件或系统所需，从而让纳米器件或纳米机器人实现能量自供。资料还显示，该技术未来在生物医学、军事、无线通信和无线传感方面都将有广泛的重要应用。假如将这种压电纳米发电机嵌入到一双鞋里，那么一个中等身材的人穿着它，只是步行就能够产生 3W 左右的电流（足够给 iPad2 充电）（图 2.6 和图 2.7）。

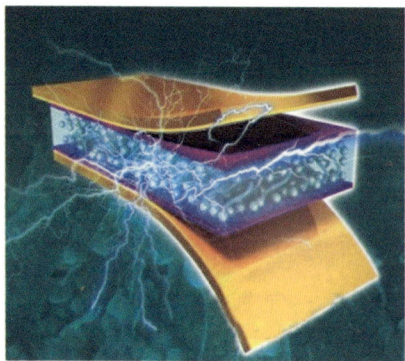

图 2.6　新型纳米发电机

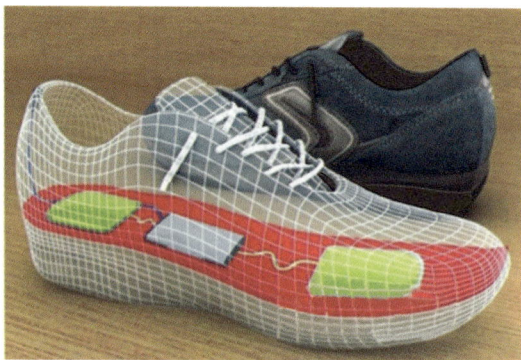

图 2.7　嵌入了压电纳米发电机的鞋

此外，它能够从人体的运动、肌肉的收缩、波的震动，甚至是液体的流动中收集能量，并将其转化为电能。并将之铺设在公路上，它就能够利用汽车的碾压来发电；将它嵌入鞋底，一个中等身材的人穿着这种鞋走路，所产生的电能就足够为 iPad2 充电。这种新型纳米发电机突破了压电纳米发电机从研究成果走向大规模应用的成本问题，其制作简单、成本低廉、发电效率高且经久耐用，非常容易实现量产。

6. 低功耗技术

由于多数可穿戴计算机使用电池电源进行供电，但是可穿戴计算机处理器及应用需求的发展速度远远超过电池容量的发展速度，因此可穿戴计算机的系统功耗问题已成为其发展过程中不可忽略的影响因素。低功耗技术研究早期主要集中于基于硬件的低功耗技术，比如降低供电电压和时钟频率，但是仅仅基于硬件的低功耗技术难以满足对系统功耗优化的进一步要求，基于软件的低功耗技术得到进一步的重视，其对降低可穿戴计算机系统功耗是非常有效的，比如动态电源管理、编译优化技术等。

目前，国内外关于降低可穿戴计算机系统功耗的低功耗技术主要是从基于硬件的低功耗技术和基于软件的低功耗技术两个大方面入手。

（1）基于硬件的低功耗技术

可穿戴计算机的硬件会使用到不少的元器件，像嵌入式处理器，而元器件所耗费的功耗大约占可穿戴计算机系统功耗的一半之多，因此有效地降低系统功耗就要通过选用 CMOS 集成电路（即互补金属 - 氧化物半导体集成电路）的元器件和降低元器件的工作电压等方式获得；外部模块的低功耗技术，由于外部模块通过可穿戴计算机的电池电源为其供电，则需要选择具有低功耗功能特征的外部模块而降低整体系统的功耗等。

（2）基于软件的低功耗技术

软件的低功耗技术主要有操作系统的动态电源管理、软件代码的编译优化、运用应用程序降低功耗等。

表 2.4 列出了国内主要电池生产企业。

表 2.4　国内主要电池相关企业

企业名称	简　介
北京大学先进电池材料理论与技术重点实验室	定位于能源材料科学与工程的学术前沿，进行中国电池材料的发展战略、技术前沿与先进工程技术的研究。主要研究方向包括：锂离子电池材料、太阳能电池材料及组件、燃料电池催化剂及热转换流体工质材料等
中颖电子	主要从事消费类和工业控制类电子芯片的研发设计与销售。公司的电子芯片已拥有动力锂电池 BMS 技术，锂电池 BMS 的保护功能包括：过充电保护、过放电保护、过电流保护以及高低温保护等功能
深州中顺新能源科技有限公司	该企业是一家从事可充电池、太阳能、LED 等节能环保产品的研发、生产和贸易的现代高科技企业。锂电池电芯和电动自行车锂电池
北京神州巨电新能源技术开发有限公司	主要研发生产销售各种规格型号规则和不规则的聚合物锂离子电池。目前，公司已经掌握并制造出具安全性和动力性锂离子动力电池，这种单体大容量锂离子动力电池不仅能够提供车辆足够的动力，同时能够保证在运转中保持低温状态，避免因电池过热而出现起火隐患
北京双盛科技有限公司	从事磷酸铁锂电池的研发、生产、销售的国有独资新型实体。主要产品为：磷酸铁锂动力电池系列、以磷酸铁锂动力电池为储能介质的各类储能供电设备
嘉兴市凯力电池有限公司	拥有现代化花园式厂房，年产销电池数亿只，成为全国电池行业之中的一个亮点。拥有国内先进的电池生产线 10 余条。主要产品：碱性电池、碳性电池、充电电池、相机用锂电池、扣式电池、无绳电话用电池、手电筒
三洋能源（北京）有限公司	由小型二次电池制造厂商——日本三洋电机株式会社在北京经济技术开发区内设立的公司。生产锂离子电池（包括锂离子聚合物电池）及电池零配件
北京天锐驰能源科技有限公司	是一家集锂离子电池研发、生产和销售为一体的高科技股份制专业公司，也是核工业总公司（原国务院第二机械部）下属企业中核华原钛白股份有限公司（上市公司）出资控股的公司。生产产品从应用领域分为矿用设备安全电池、动力电池、通信数码产品电池三大系列产品；从包装形式上分为聚合物产品、钢壳产品、铝壳产品三大类；从电池材料上分为磷酸铁锂电池、钴酸锂电池、锰酸锂电池三大类

企业名称	简　介
北京市大同自动化系统工程公司	主要从事于软件开发、硬件维护（是西门子公司中央结算系统总维护商）、硬件生产（Peppi 品牌）等。主要产品：UPS 电池、笔记本车载电源、笔记本电池、笔记本适配器、笔记本外置电池、可调车载电源、数码相机 / 数码摄像机充电器、数码相机 / 数码摄像机电池
力神伟业科技（北京）有限公司	从事高能绿色能源（锂离子电池、特种电源、燃料电池、太阳能、氢能、生物质能、可燃冰、海洋能等）和电动车加电连锁系统的研制、开发、生产应用及市场销售，并提供与之相关的售后服务的新型高新技术企业。主要产品：动力电池、方形锂离子电池、锂聚合物电池、圆柱形锂离子电池
北京力劲博电源科技有限公司	阀控式密封铅酸蓄电池的制造商；拥有强大的生产能力、雄厚的销售力量和完善的售后服务体系。主要产品：胶体电池、太阳能路灯、蓄电池
中商国通（北京）电子有限公司	是一家集研发、生产、销售服务、蓄能产品、新能源和节能产品为主的公司。公司自主研发生产了"伟博 -WEBEST"品牌的新一代阀控密封式铅酸胶体蓄电池。主要产品：2V、6V、12V 三大系列近 60 个型号，电池容量从 7 ～ 3 000Ah；胶体蓄电池、铅酸蓄电池
北京双威富能科技有限公司	是一家高新技术企业。主要产品：备用电源电池、单兵电池、动力电池、空气极片

四、显 示 技 术

除常见薄膜电晶体液晶显示器（TFT-LCD）、有机发光二极体（OIED）、主动式矩阵有机发光二极体（AMOIED）、发光二极体（IED）与电子纸（ePaper）已运用在穿戴式装置产品外，目前最受瞩目的三大穿戴式显示技术有：

① 微型显示（micro display），如硅基液晶（LCoS）、OLEDos.HTPS、微机电系统 / 数位光源处理（MEMS/DLP）、镭射扫描

（LaserScan）等。

② 柔性显示（flexible display），目前三星、乐金与苹果正积极发展可弯曲式的面板、电池与人机界面系统。

③ 透明显示（transparent display），透明显示开始已应用于公共看板与橱窗，但用于个人穿戴，由于显示面板面积较小，可能需要再提高解析度与穿透率。

1. 微投技术

微投技术指的是微型激光投影技术，以激光扫描方式成像，目前主要应用在航空航天、遥控监控等相对高端的专业领域，未来微投技术将更多应用于数码相机、数码摄像机、MP4 等便携式设备上。随着第一款智能眼镜的发行，未来视频眼镜市场即将启动，而微投技术在这方面必定有用武之地。微投技术契合了智能终端人机交互发展的方向，微型投影有可能成为一种重要的甚至主流的显示方式，而今年这种趋势有望开始逐步成为现实。例如，索尼近日宣布，该公司正在研发一种高清分辨率的微型投影仪组件，将使用美国 MicroVision（MVIS）公司的 PicoP 移动投影技术。消息一出，美国纳斯达克上市的 MVIS 早盘股价大涨 74%。

微投技术产品将是视频眼镜的重要光学部件，占视频眼镜成本比重较高。通过与国外视频眼镜厂商的合作，有望在国内率先进入该市场，或将享受数倍于现有业务的市场空间。

2. 触控屏幕

在德国举办的 IFA 国际电子消费展上，三星推出了其首款智能佩戴设备——GALAXY Gear。它在 1.63in 的屏幕上配置 320×320 像素分辨率，高达 277 的 PPI，这样的清晰度使 GALAXY Gear 远远甩开了同类产品，用户的视觉体验有了质的提高。GALAXY Gear 的一大触控优势在于通过滑动和点击就可以完成绝大多数操作，这样可以省去机身很多不必要的累赘按键，也贴合三星简洁时尚的外观设计风格。滑动、点击这两大动作已经成为用户所熟悉的智能设备快捷操作方式。当用户在 GALAXY Gear 处于桌面状态时下滑动，可以直接进入拍照功能，运用摄像头记录下要拍摄的景像；而向上滑动则可以快速进入拨号界面，迅速打电话给指定对象。

3. 柔性面板技术

2013 年 8 月 28 日，在众筹平台 Kickstarter 上登录的柔性 LED 面板可穿戴项目（Fos），引起业界广泛关注。它的构造非常简单，只是一块带有尼龙搭扣的织物，表面上附有一块 LED 面板。它比一个高尔夫球还要轻，能够被附着在衣服、背包以及用户所需的任何地方。Fos 面板内含一枚微处理器、闪存和电源供应，LCD 面板可显示蓝白两色。

目前正在研究柔性屏幕技术的厂商并不多，主要有三星、LG 等公司。据记者了解，韩国科技巨头们研发的柔性屏技术，都是基于 OLED 显示技术，这能让屏幕更薄。加入了弹性材料之后，屏幕还可以弯曲，甚至完全折叠。当然，这一技术目前还不成熟，三星和 LG 等公司都在努力攻克技术难题。不难想象，一旦柔性屏幕技术可以商用之后，智能可穿戴设备将带来更多的想象空间。屏幕体积将不会成为影响穿戴设备便携性的难题。

4. 可卷式数字屏幕技术

2014 年 3 月 21 日英国 SnapWatch 公司公布了首款腕带显示器，

这款腕带显示器结合了钢制腕带和可弯曲电子显示器（图2.8）。从它的结构来看，这款显示器由两个在钢带上面的按钮控制，而且整个结构是无缝合痕的，且不仅有双稳态可弯曲显示器，还有双稳钢表带（控制器做成了表带的形状）。这款可穿戴柔韧显示器可以和一些有趣的应用（例如票务、提供ID、定时、节假日提醒、事务通知等）结合，成为一款平价低功耗智能手表。如果能把显示器和驱动器都生产出来，它可以在高档手表位列一席，用于健身或是医药用途（只需要置入MEMS传感器）。

图2.8　SnapWatch公司首款腕带显示器

而与此同时，英国萨里大学（University of Surrey）的研究人员与飞利浦公司（Philips）的科学家共同开发出一种称为"源栅极晶体管"（Source-Gated-Transistor SGT）的新产品，可望在不久的将来推动各种软性电子实现广泛应用，例如性价比更高的可卷曲平板电脑等。SGT可在电流进入半导体时加以控制，从而减少电路故障的概率，改善能源效率以及维持在最低的制造成本。这一特性使得SGT得以成为下一代电子装置的理想应用，而且还使数字技术得以整合于以软性塑料打造的可穿戴式设计中。

这些技术可能包括超轻量且灵活的小型装置，使其能在不使用时卷曲起来以节省空间；可无线监控佩戴者健康状况的智能腕表；可即时结账的低成本电子购物标签；以及灾害预测传感器，可用于天然灾害风险较高地区的建筑物。新技术的应用使得可卷式数字屏幕可能变成现实。国内生产屏幕相关单位见表2.5。

表2.5　国内主要屏幕相关企业

企业名称	简　　介
深圳市得润电子股份有限公司	主要产品有 CPU Socket、LED 支架
北航特种功能材料与薄膜技术北京市重点实验室	研究开发新型功能材料，如形状记忆合金；可用于微米级位移控制的磁致伸缩材料及其微位移传感器件；软磁功能材料的薄膜器件，制备出可用于高频状态下工作的电子器件如滤波器、扼流圈等；薄膜与涂层技术
北京牡丹电子集团有限责任公司	多年来在各个产品和技术领域积累的计算机硬件、软件，数字及模拟电子电路设计、结构设计、LCD 驱动技术、嵌入式 CPU 技术等方面的技术和产品基础，有计划、有步骤地向数字电视产业链的相关技术领域靠拢
南宁市朝兴智能显示屏有限公司	生产、销售室内外 LED 电子显示屏的高科技企业。主要从事各类 LED 信息显示系统、多媒体一体查询机、排队机等产品的生产、销售以及相关软件开发和施工
深圳市京广安智能信息工程有限公司	从事 LED 应用产品研发、销售、生产、安装为一体的民营高新技术企业
深圳市春雷智能照明光电有限公司	致力于大功率 LED 智能照明灯具、显示屏、LED 智能灯光设备以及 LED 智能照明应用系统产品的研发、设计、销售等
苏州凡木智能控制有限公司	集研发、生产、销售和服务为一体的专业 LED 数码管信息屏生产企业
南京沃彩电子科技有限公司	从事 LED 电子显示屏、LED 照明亮化、液晶拼接屏、数字标牌、滚动灯箱及安防监控系列产品的开发、生产、销售及工程服务为一体的综合性高科技企业

续表

企业名称	简　介
烟台铭人电子有限公司	从事 LED 显示屏、LED 灯具系列光电产品的研发、生产、销售、服务于一体的综合性高科技企业
明亿科电子有限公司	主要产品有工业触摸一体机、工业触摸显示器、电容触摸显示器、安防液晶监视器

五、机器人技术

可穿戴机器人是一个基于人身体形状和功能所设计的机电一体化系统，结合了人外形上的一些部位和关节，可以看做是一种补充、提高或者代替人类功能的技术。根据提供的服务不同，可穿戴机器人可分为上肢型、下肢型以及全身肢体型。可穿戴机器人主要应用在康复领域，下肢辅助机器人研发始于 20 世纪 60 年代末。由于近 5 年来机器人外骨骼技术的迅速发展，下肢体矫形器的发展已经从复杂的机械结构演变成一款小型商业产品，其中结合了可穿戴式传感器的先进技术。

外骨骼机器人被用在人体外部，以辅助肌肉、神经系统或者骨骼系统的运作。外骨骼机器人和人肢体间的认知交互作用构成信息交换，物理交互作用构成能量交换（表 2.6）。

1. 外骨骼机器人技术

不像假肢那样只用最基本的设计代替人体的某些功能，外骨骼系统构成可穿戴机器人的一部分，并且被视为覆盖整个身体或者其中一部分的盔甲，旨在辅助以及改善已有的身体功能。外骨骼机器人被用在人体外部，以辅助肌肉、神经系统或者骨骼系统的运作。外骨骼机器人和人肢体间的认知交互作用构成信息交换，物理交互作用构成能量交换。

2. 可穿戴农业机器人

东京农业技术大学发明了一款可穿戴农业机器人套装，主要用在帮助一些年老的务农人员。该套装的关节运动依靠装在肩、腕、腰和膝关节处的超声波马达来驱动。这些马达能够帮助穿戴者向上举起约20kg 的重物。通过声控命令，该机器人可以实现从简单到复杂不同层次的操作。该机器人未来将不断小型化，由目前的 26kg 降低到约10kg。

3. 肌肉机器人套装

1960 年，通用电气公司最早研制出了一款可佩戴的单兵装备——哈迪曼。此项研究的首要目的是缓解士兵长距离负重行军所引起的疲劳。哈迪曼是全身型外骨骼装置，体积巨大，重约 680kg，采用主从控制模式，但只能替代人的一只手。

Millennium Jet 公司研制的 SoloTrek XFV 外骨骼飞行器属于"外骨骼人体机能增强器"单兵装备系统的一个部分，它能使未来士兵真正做到健步如飞。"千年喷气机"公司研制的一系列名为SoloTrek XFV 的类似"蝙蝠侠"的武器，可以自由飞行、行走，可垂直落地，快速寻找敌方目标，并能够持续飞行达 2h。这种特殊的飞行装置噪声很低，无线电和红外信号弱，不易被发现；对战场保障要求极低；具有经过加固处理、高效的动力装置以及乘员应急回收系统。

由美国国防高级研究计划局（DARPA）提供经费，美国加州大学伯克利分校研制成一种能使人长距离轻松搬运重物或背重物上楼梯的机械服装——助力机械服装 BLEEX，能使带有全副武装的士兵增加负重和提高行军速度的外骨架。其主干部分是一对合成金属制成的不锈钢机械腿，在携带者的臀部装有一台小型发动机，提供行走所需动力。

在日本，从事穿戴式助力机器人的研究机构也相当众多。由日本神奈川工科大学研制成功的全身型外骨骼机器人——动力辅助服（power assist suit）使用肌肉压力传感器实时分析预判穿戴者的运动意图，通过气压传动装置使人的力量增加 0.5～1 倍。这种装置最初是为护士研制的，用来帮助她们照料体重较大或根本无法行走的病人。

日本小林实验室（Kobalab）的 Kobayashi 博士发明了一款可穿戴肌肉机器人套装，通过气动驱动，工人更加容易地举起和搬运重物，并用于康复训练和帮助体力劳动者。这款肌肉机器人套装由人造肌肉组成，通过直接来自压缩机的空气压力来控制肌肉的紧缩和伸展。该套装仅重 8kg，并且使用 4 自由度肩膀和三个正交轴旋转，每根轴可以产生 45N·m 的力矩。

日本筑波大学 Cybemics 实验室的科学家和工程师们，研制出了世界上第一种商业外骨骼机器人（hybrid assistive leg，HAL），准确地说，是自动化机器人腿，即混合辅助腿。这种装置能帮助人们以每小时 4km 的速度行走，毫不费力地爬楼梯，HAL 机器腿的运动完全由使用者通过自动控制器来控制，不需要任何操纵台或外部控制设备。

近年来，国内的研究人员在这一领域也进行了有益的探讨，如浙江大学的远程控制研究、北京理工大学和天津大学进行的气动人工肌肉的研究，深圳先进技术研究院也展开了类似的研究工作。自 2004

年开始，中国科学院合肥智能机械研究所就开始从事这方面的相关研究工作。

可穿戴机器人可以看做是一种同其他分布在环境中的智能器件互操作的智能装置，并且穿在身上可以为穿戴者提供辅助服务。处于不同环境下（如从椅子上站立起来、行走、握重物上／下楼梯、康复训练等），可穿戴机器人可以结合周围环境提供的辅助，能够进行持续的监测和援助。

4．下肢体外骨骼技术

病人步态恢复的两个必要条件是关节和控制的稳定性，最直接的解决方法就是使用矫形器。20 世纪七八十年代，截瘫患者开始使用矫形器，通过利用系统的机械结构，病人能够在一个被动的外骨骼支撑下直立行走，但这种矫形器需要上肢的帮助才能实现。1969 年，贝尔格莱德学院的 Miomir Vukobratovic 教授研发了第一款可以行走的运动外骨骼设备，它包括启动驱动和部分编写的运动学程序，可以产生拟人步态，该装置由严重残疾的人士进行过多次测试。1974 年一款新型电力驱动的外骨骼机器人问世，这是电机第一次作为外骨骼机器人的驱动元件。当前，世界上有许多致力于辅助人类下肢体的外骨骼研究工作组，主要成就如下：

日本东京御茶水女子大学研发了一种基于直流电机使用双自由度（髋关节和膝关节）运动下肢体矫形器。该装置已经进行了 T12 级的评估，主体受伤级别有 T5、T8、T11 和 T12。穿戴者的运动利用运动标志（基于摄像机的运动分析系统）进行分析。该装置的评测显示，所有主体均能正常行走而不会倒下，并且膝关节和髋关节促进器还能提高步伐速度和增加步伐长度。

美国德拉瓦大学机械工程学院的研究人员研发了一款灵活的外驱动腿外骨骼的设备（ALEX）。这一设备被安装在膝关节和髋关节处，用来辅助穿戴者行走。该设备已经在健康人的部位测试过，成功地演示了在训练过程中通过选择控制病人的正常步伐而进行不同的行走。

英国索尔福德大学的研究人员发明了一种 10 自由度可活动下肢装置。为让下肢关节部位获得更好的灵活性和重复使用性，该装置选用气动人工肌肉提供动力。

伯克利下肢末端外骨骼（简称 BLEEX）是由加利福尼亚大学提出来的一项外骨骼技术。该设计旨在提高穿戴者力量和耐力方面的能力，而且可以允许穿戴者背部负重。BLEEX 可以用于军队士兵、野地消防队员、救灾人员等，或者处理其他一些紧急情况。

5. 单关节矫形器

（1）膝关节矫形器

膝关节主要负责对人在行走、站立、下蹲等弯曲伸展运动过程中股骨和胫骨间角度变化的控制。在膝关节附近设计一个矫正装置尤其重要，这个关节一般用矢状平面内代表膝盖运动的单自由度模型来表示，它是身体保持稳定性和灵活、自然运动的关键因素。下面介绍一些膝关节矫形器的设计和膝关节运动控制方面的研究进展。

Yobotics 公司由麻省理工实验室衍生发展而来，该公司已经发明了一种称为 RoboKnee 的可操纵下肢矫形装置。RoboKnee 设计用来帮助大腿肌肉群（股四头肌和股后肌群）在人体站立、行走、攀爬等运动时膝关节的弯曲和伸展。

瑞士洛桑大学为膝关节弯曲伸展发明了一种自动膝盖矫形模型，其刺激股四头肌肌肉以运动学功能和动力学参数闭环控制来实现。膝关节的转矩和角位移进行实时计算，膝盖矫形器的运动依靠电机来保证实现。该项研究已经被引入健康学科和下肢及全身瘫痪学科。

Fleischer 和 Hommel 发明了一种动力矫形器，当人体进行一般运动（站立、行走、攀爬等）时，在膝盖关节弯曲和伸展过程中，用来辅助大腿肌肉运动，通过评估电信号，引导矫正装置。

日本东北大学机器人技术和机电一体化实验室的研究人员发明了一种膝盖矫正装置，该装置带有双电流变流体制动器，可以水平支撑膝盖、实时测量膝关节扭矩以及抵挡人体膝盖平均扭矩的 25%。

为了降低对大腿肌肉的过度使用，密歇根大学的研究人员发明了一种灵活的护具。这种护具在平行于膝盖的部分添加了一根牵引弹簧，目的在于兼容外骨骼机器人，从而辅助人类实现奔跑运动。

（2）踝足矫形器

踝足矫形器是一种单关节矫正装置，用来辅助和支撑踝关节的运动，它在人类行走过程中起着重要作用。在进行足康复运动时，它也被用来固定踝关节。第一个踝足矫形器出现在 20 世纪 60 年代，以下介绍世界上已经出现的一些新颖的机械矫形装置。

Sawicki 和 Ferris 发明了一种轻巧型踝足矫形器，这种矫形器采用气动人造肌肉来支撑人在行走时的踝背屈和跖屈。

Norris 等已经发明了一种关节驱动矫形器，通过气动人工肌肉在踝关节处提供额外运动。这项研究旨在探索如何用一种简单的控制算法来增强推力和改变运动与稳态下新陈代谢的消耗。

Blaya 和 Herry 已经发明了一种解决足下垂问题的阻抗可变踝足矫形器。该方案基于通过人的步行周期来控制矫形关节阻抗。他们已经证实，相比配备没有刚化或者不断刚化的关节控制的踝足矫形器，变阻抗矫形装置更具备临床优势。

（3）全外骨骼

全外骨骼主要关注扩充和增强穿戴者的力量来提升其能力，面临的挑战是与环境的最小交互、动力的挑战、便携性、反馈控制方案等。

Steve Jacobsen 博士研发 XOS 外骨骼系统，代表了机械外骨骼领域最尖端的技术。XOS 旨在让穿戴者在负重的情况下，用最小的外力来提高速度、体能和忍耐力，XOS 重约 70kg，包含有 30 个自由度，一系列多轴力矩传感器安装在穿戴者脚、手和躯干部分与机器之间。穿戴者和外骨骼之间有相互力作用，使穿戴者能够自如地控制外骨骼的运动。

日本筑波大学研制的 HAL-5 外骨骼机器人重约 23kg，下体重约 15kg，可以应用于医学康复和物理训练，也可以应用于工厂辅助繁重的劳动和灾难中辅助营救等。HAL-5 采用电动马达，依靠对运动倾向和运动结果的探测来进行控制，还添加了生物电感应器，用基于来自大脑到肌肉的神经信号的侦测和处理来评估人的运动倾向，借以做出判断并执行相应的动作。

日本神奈川理工大学研发的动力辅助服，可以用来帮助护士抱起病人。辅助服重约 30kg，配备有袖带式气动旋转驱动器和具备改善肌肉强度的含传感器的肩膀、胳膊、腰和腿。气动旋转驱动器结构简单、重量轻、反应灵敏。

肌肉传感器可以测出肌肉在驱动肘、腕、腰和膝关节运动时的外力大小。该动力辅助服已经应用于人体工程，帮助使用者实现胳膊上下运动和负重运动。

表 2.6 列出了国内从事机器人技术研究的相关单位。

表 2.6　国内机器人技术相关企业

企业名称	产品简介
北京航空航天大学机械制造及自动化系	主要研究外骨骼技术
爱普生（中国）有限公司	全面负责中国大陆地区爱普生工业机器人（机械手）产品的市场推广、销售、技术支持和售后服务。经营范围：四轴水平多关节机器人，六轴垂直多关节机器人，机器视觉，传送带追踪套件，机器人控制相关选配件
库卡机器人（上海）有限公司	德国库卡公司设在中国的全资子公司，库卡可以提供负载量从 3 ~ 1 000kg 的标准工业 6 轴机器人以及一些特殊应用机器人
安川首钢机器人有限公司	专门从事工业机器人及其自动化生产线设计、制造及销售的中日合资公司；主营日本安川 MOTOMAN 系列机器人产品，广泛应用于弧焊、点焊、涂胶、切割、搬运、码垛、喷漆、科研及教学。安川新推出了洁净机器人和双臂机器人。产品遍布汽车、摩托车、家电、烟草、陶瓷、工程机械、矿山机械、物流、铁路机车等诸多行业
北京奇朔科贸有限公司	承接机器人码垛、搬运、打磨抛光、焊接、上下料等系统集成，各种非标设备，非标自动化生产线，机床零部件，工装夹具及设备数控改造的业务。主要涉及的产品有：机器人码垛、机器人搬运、机器人喷涂、机器人打磨抛光、机器人上下料等，提供完善的设计制造方案，对客户现有工件进行定制设计
北京拓博尔机器人科技有限公司	是以机器人开发和机电系统集成为主营业务的高新技术企业，主要从事机器人和机电设备的研发、生产和销售等工作
北京汉库新源科技有限公司	专业从事 SOC 芯片开发、新能源制造、机器人、物联网及高校创新实验室建设的高新技术企业，主要产品有：SOC 芯片开发设备、教育机器人、手机 Wifi 控制机器人、太阳能智能控制设备、特种机器人、物联网智能控制设备、智能机器人
北京北成新控伺服技术有限公司	经营的主要产品：高品质交、直流伺服系统；数控专用滤波器；超精密减速机；高精度光栅测量系统；多轴运动控制器；高精度、高可靠性导轨、丝杠；工业机器人等自动化领域产品
北京理工大学仿生机器人与系统教育部重点实验室	实验室重点研究运动仿生学、生物感知与交互机理、仿生控制与系统集成等理论方法和技术，解决一系列重大、前沿的科学问题，建立仿生机器人和无人机动系统等高端科学研究的技术集成平台
北航机器人研究所	主要从事机械学及机器人技术方面的理论研究和技术开发
北京大学机器感知与智能教育部重点实验室	目前实验室的主要研究方向有感知机理，计算智能与知识发现，视感知，听感知，数字媒体技术，可视化与视觉计算

六、天线技术

可穿戴天线就是可以穿戴在人体上的天线，它以织物作为载体，可以集成到衣服、帽子及背包上，达到完全与人体共存的效果，具有一定的隐蔽性，不易被外界发现。在大范围上它属于共形天线的范畴，是随着现代材料技术的发展作为一种新型的天线形式出现的。可穿戴天线能应用在一些特定的场合，如士兵、消防队员所用的单兵系统，也可应用在老年人或运动员的生理参数监护上。

可穿戴天线最早起源于军事需求，在部队作战中，传统使用的天线是鞭状天线，很容易成为对方狙击手的目标，而将天线隐蔽起来，集成到制服或头盔中可以降低被发现的概率。

天线主要研究单位见表2.7。

表2.7　国内从事天线的相关单位

企业名称	简　介
北京邮电大学	工作于 UWB 频段的 CPD-UWB 天线
深圳市摩天射频技术有限公司	专注于移动终端天线、RFID 标签、RFID 阅读器天线及 NFC 天线研发、生产和销售的高新技术企业
深圳市信维通信股份有限公司（简称"信维"）	国内小型天线行业发展的领跑者，集研发、制造、销售于一体，主要研发和生产移动通信设备终端各类型天线，包括手机天线 /GPS/Wifi/ 手机电视 / 无线网卡 /AP 天线等
东莞市安特乐通信科技有限公司	主要产品：CB 车载对讲机天线、高增益车载对讲机天线、民用车载对讲机天线、高增益手持对讲机天线、天线支架、天线卡边、天线吸盘、低损馈线、电源线、避雷器等通信周边产品

续表

企业名称	简　介
成都欧力通科技有限责任公司	主要产品：天线产品、微波/射频器件、功率器件、无线通信产品。广泛应用于集群通信、移动通信、室内覆盖以及电子对抗、航空航天军用设备系统等领域
贵州振华通信设备有限责任公司	主要产品：卫星通信天线、卫星电视接收天线、短波通信天线等产品
深圳高凯泰科技有限公司	主要产品：天线、GPS 天线、增益天线等
北京兆维电子（集团）有限责任公司	专注于通信设备、视频监控、光传输产品、移动通信网络优化、物联网交通信息化等领域

第三章　智能可穿戴设备软件技术

　　智能可穿戴设备不仅仅是一种硬件设备，更是通过软件支持以及数据交互、云端交互来实现强大的功能，智能可穿戴设备将会对我们的生活、感知带来很大的转变。

　　硬件技术的发展离不开软件的创新。与之前的工业革命相比，硬件创新环境的最大改变来自于互联网的发展和"去中心化"的新思维方式，互联网和大数据的发展使得人与机器的关系变得更密切。人机交互、无线传输通信、虚拟现实、大数据传输以及制造封装技术等，这些软技术因素为硬件创新营造出最适宜的生态环境，孕育并创造了划时代的科技风暴。

　　智能可穿戴设备发展历程中，硬件创新、硬件与软件的跨界创新成为其中最重要的动力，创新者的集群也已经逐渐清晰。

一、人机交互技术

　　人机交互又叫人机互动（Human-Computer Interaction，HCI），是研究人、计算机以及它们之间相互影响的技术。随着计算机技术的发展，操作命令也越来越多，功能也越来越强。随着模式识别，如语音识别、汉字识别等输入设备的发展，操作员和计算机在类似于自然语言或受限制的自然语言这一级上进行交互成为可能。此外，通过图形进行人机交互也吸引着人们去进行研究。这些人机交互可称为智能化的人机交互。

在现代的社会中，人机交互对人们的生活产生了重要的影响，已经融入了人类工作、生活的方方面面。研究如何实现自然、方便和无处不在的人机交互，成为现代计算机技术、人工智能技术研究的重要目标，也是数学、信息科学、智能科学、神经科学以及生理、心理科学等多科学交叉的结合点，而且将引导着 21 世纪前期信息科学和计算机科学研究的热门方向。人机交互的研究内容主要包括交互设备与方法学，交互设备包括传感设备、跟踪器、触觉反馈装置、力反馈装置和味觉发生装置等，方法学包括自然语言、身体姿态、三维定位、三维导航等，如图 3.1 所示。

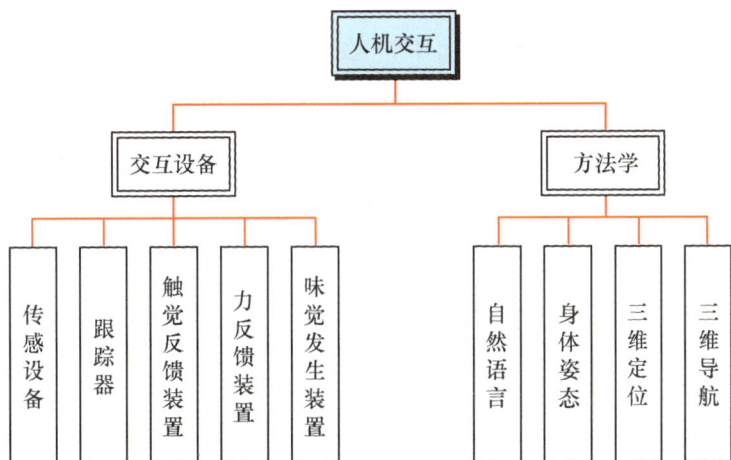

图 3.1　人机交互的研究内容

穿戴计算机的概念最早由 Thorp 在 1955 年提出，经过几十年的发展已经成为了计算机领域的一个重要研究方向。美国国防部曾资助举办了针对穿戴计算机的专题研讨会，讨论穿戴计算机在未来各领域尤其是军事领域的应用潜力。欧盟通过第六框架计划大力资助WearIT@Work 项目的研发。多个国家参与到该项目，重点研究穿戴计算在工业领域的潜在应用价值以改进传统的工业流程和提高作业效率。世界著名商业公司如 IBM、HP、Nokia、Sony 和 NEC 等也纷纷展开穿戴计算相关的研究工作。Xybernaut 公司成功推出了一系列商品化的穿戴计算机，已经应用到工业、医疗、军事和日常生活等各个领域。从 1997 年开始，IEEE 每年都举办穿戴计算机国际研讨会（International Symposium on Wearable Computers，ISWC），该会议现在已经成为穿戴计算领域的重要国际会议。

目前，基于穿戴视觉的交互技术已经引起国内外研究机构的广泛关注和研究。如美国麻省理工大学、美国卡内基梅隆大学、美国乔治亚理工学院、英国牛津大学、日本国家工业科学技术研究院、美国加州大学洛杉矶分校、美国加州大学 Santa Babara 分校、南澳大利亚大学、加拿大格威尔佛大学、瑞士苏黎世大学等开展了卓有成效的研究工作。下面将介绍穿戴视觉交互方面已取得的研究成果。

（一）穿戴视觉交互

1. 单目视觉交互

Mann 等于 1997 年提出了穿戴摄像机（wearable camera）的概念，并设计和研发了个人穿戴摄像机系统"WearCam"，由基于普通眼镜的特殊 HMD（内置超微型摄像机和显示器）和穿戴计算机组成。该系统利用计算机视觉和图形学技术提供了一种介入现实（mediated reality）的机制，即系统通过对外界信息进行过滤、增强和重建以调整穿戴者对现实场景的主观感受。这部分研究工作开创了穿戴视觉系统研究的先河。Thad Starner 等开发了可穿戴的美国手语实时识别系统，提供了一种穿戴环境下人机自然交互的新模式，如图 3.2 所示。该系统配备单目彩色摄像头，固定于额头前方朝下实时拍摄人手运动的图像序列，在总共包含 40 个手势单词的识别实验中，系统的识别率可以达到 98%，并可以满足实时性的条件。

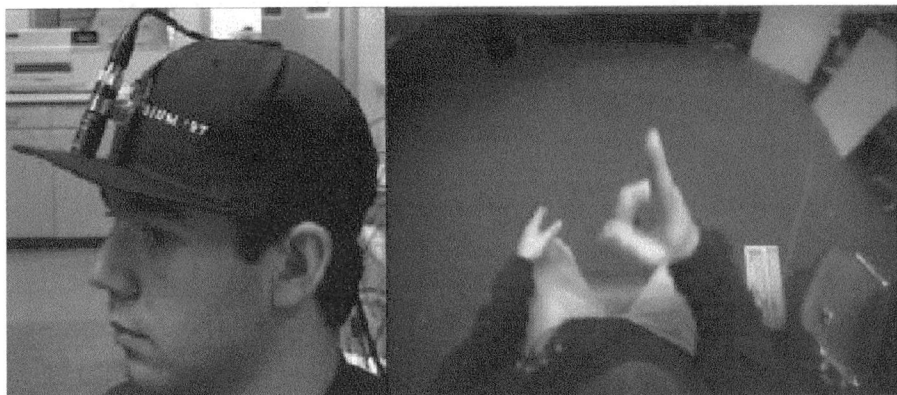

图 3.2　基于穿戴视觉的美国手语实时识别系统

　　Mistry 等提出一种可穿戴的手势交互界面系统 WUW，利用在人手上添加颜色标记实现手势的跟踪和识别。WUW 系统配备了微型的投影仪和摄像机，能将图像投影显示到穿戴者周边的物体如墙壁和手掌等，允许穿戴者通过自然的手势或手臂的运动实现与虚拟物体的交互。基于该交互系统，研究人员进一步提出了一个称为第六感（sixthsense project）的概念框架，即尝试利用穿戴交互系统建立连接现实世界与虚拟网络世界的通道，通过大量可用的网络信息和知识提高人类感知周围环境的能力（图 3.3）。

　　卡内基梅隆大学在 20 世纪 90 年代成功推出了六个穿戴计算机的原型系统，分别是 VuMan 1、VuMan 2、Navigator 1、VuMan MA、

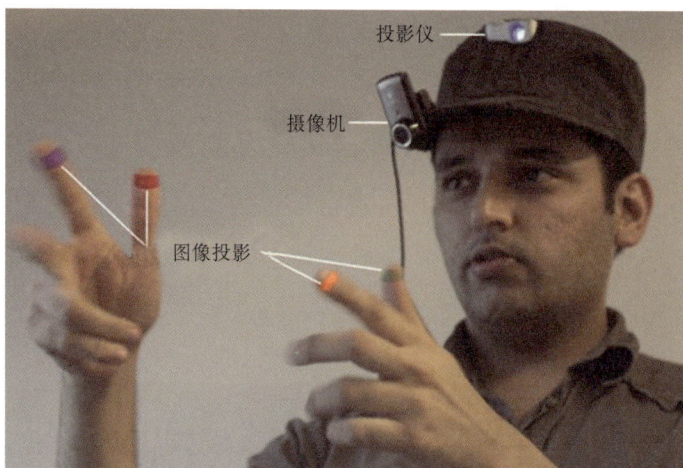

投影仪

摄像机

图像投影

图 3.3 WUW 穿戴手势交互系统

VuMan 3 和 Navigator 2，其中 VuMan 系列是采用定制的组件搭建的穿戴系统，主要用于辅助维修系统，为穿戴者显示参考手册／建筑图纸并提供交互界面；Navigator 系列的穿戴计算机则主要用于校园导航，允许穿戴者通过语音和手势与穿戴计算机进行交互。Yang 等提出一种可穿戴的智能导游（smart sight）系统，通过 GPS 设备为穿戴者提供地图导航服务，并能接受语音和手势两个通道的输入，向穿戴者翻译场景中特定路牌的含义等。

日本国家工业科学技术研究院（AIST）智能系统研究所开发出单目穿戴视觉系统 VizWear。VizWear 系统由穿戴视觉客户端、视觉服务器以及无线局域网组成，穿戴视觉客户端包括一个微型 CCD 摄像机、惯性传感器和微型显示屏，经图像采集、压缩、编码后通过无线局域网传送到视觉服务器，显示屏显示服务器传回的视觉处理结果。VizWear 系统通过融合形状和肤色信息对人手进行检测与跟踪并实现了手势鼠标。Ukita 和 Kidode 提出一种穿戴交互界面 WVT（Wearable Virtual Tablet），实时检测一块矩形纸板，并判定指尖与纸板的相对位置实现手写输入等交互操作。该系统采用主动红外摄像机以简化视觉分割任务，并通过学习手指接触纸板时指尖的灰度直方图的分布实现输入和非输入状态的检测（图 3.4）。

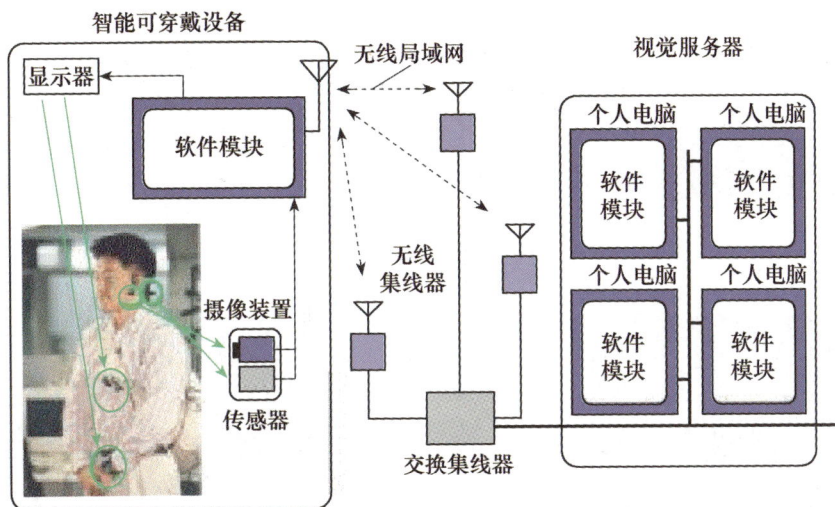

图 3.4　VizWear 系统

牛津大学于 2000 年开始研究单目可穿戴视觉机器人系统 WeRo。该系统主要用于验证目标跟踪和图像稳定的相关技术与方法。WeRo 系统采用了惯性传感器和计算机视觉稳定技术相结合的办法，获得了较好的图像稳定效果。Castle 基于 WeRo 平台实现了一种同步识别、定位和映射的增强现实系统，通过主动视觉摄像机搜索和定位场景中特定的目标，并对目标进行增强显示以强化穿戴者的视觉体验（图 3.5）。

Kölsch 和 Turk 开发了基于穿戴视觉的手势交互系统 HandVu 系统。该系统配置了单目摄像头，通过 AdaBoost 算法实现人手检测，然后学习肤色直方图的分布规律并将其用于实现人手区域的分割，最后利用 KLT 特征实现鲁棒的手势跟踪和几种简单手势的识别。手势

的跟踪和识别结果被用于增强现实环境中实现对虚拟物体的自然操控
（图 3.6）。

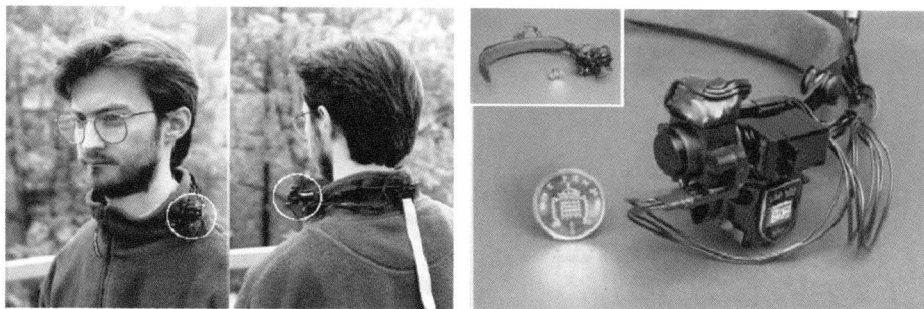

图 3.5　单目可穿戴视觉系统 WeRo

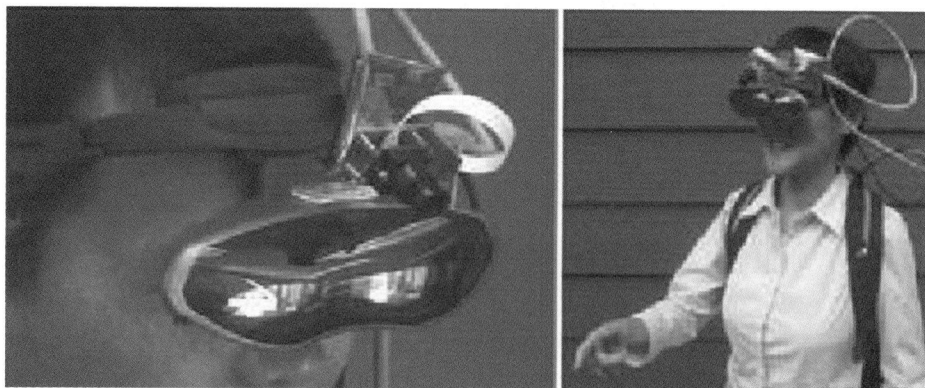

图 3.6　HandVu 系统

美国加州大学洛杉矶分校的 HRL 实验室研制了穿戴视听觉系统
Snap&Tell，利用视觉和语音通道的协作实现场景中特定标志物的圈
取和识别（图 3.7）。视觉通道根据颜色线索进行人手分割，通过对
分割结果的形状分析得到指尖的位置，然后采用不确定模型的状态空
间方法实现指示手势的跟踪。视觉跟踪结果用于获取穿戴者的兴趣区
域，听觉通道识别穿戴者的语音输入获取具体的交互操作。

Heidemann 等提出一种用于增强现实的多模态交互系统，利用肤

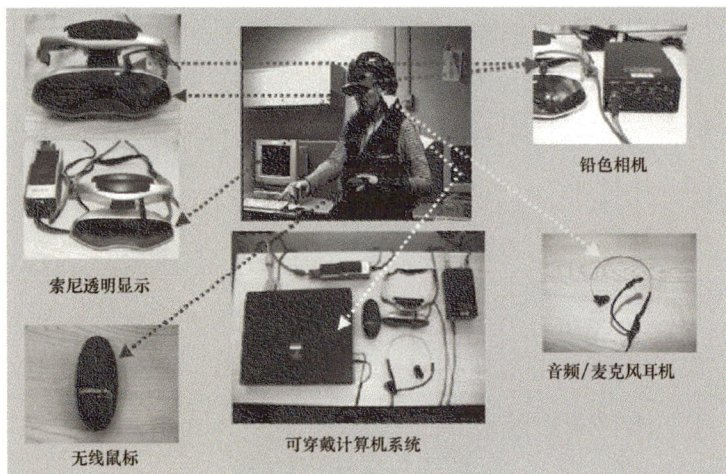

图 3.7　Snap&Tell 系统

色特征实现人手分割，并基于该分割结果进行手势识别。该系统允许穿戴者通过指示手势和图形菜单实现自然的人机交互，针对场景变化提供重新初始化的机制，并具备现场学习／更新物体概念的能力。穿戴者可以随时随地地告诉穿戴计算机其所感兴趣的物体，并基于神经网络方法建立／更新物体的识别模型（图 3.8 和图 3.9）。

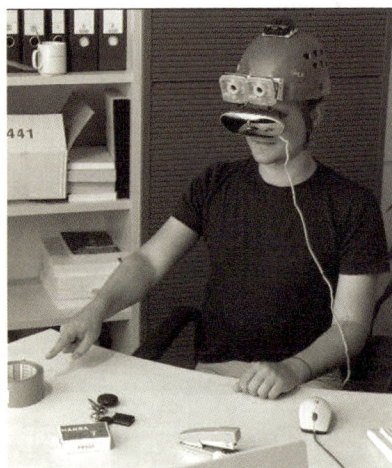

图 3.8　Heidemann 穿戴交互系统

图 3.9　Tinmith 穿戴系统

南澳大利亚大学设计和实现了穿戴计算平台 Tinmith，由 GPS、方向传感器、摄像机、头戴式耳机和头戴显示器等几部分组成。该平台具有强大的图形显示及处理能力，主要用于研究移动和户外增强现实环境下的交互技术。

2. 立体视觉交互

2000 年，加拿大格威尔佛大学（University of Guelph）研制了可穿戴的双目立体视觉系统，该系统通过恢复场景中物体的深度信息来帮助视力受损者进行日常活动。2003 年他们在穿戴系统上增加语音功能，使得穿戴者能自然地和穿戴计算机进行通信，穿戴计算机也可以将获取的场景信息映射到语义空间后转换成语音，告知穿戴者场景的境况（图 3.10）。

图 3.10 可穿戴的双目立体视觉系统

瑞士苏黎世大学穿戴计算实验室开发了手指鼠标系统 (Fingermouse)。该系统利用双目的立体视觉机获取场景的深度信息，并利用深度阈值分割方法实现背景减除得到人手的区域。手势跟踪基于轮廓线索的卡尔曼滤波算法实现。跟踪得到的结果被用于穿戴环境下的手指鼠标操作（图 3.11）。

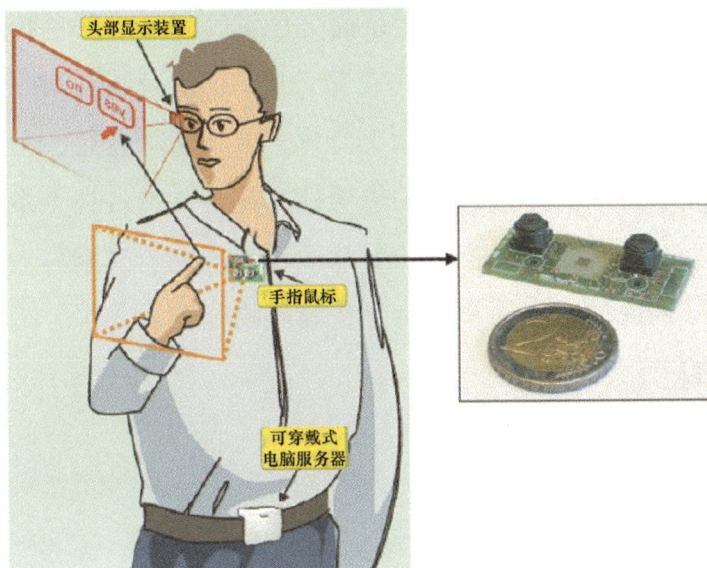

图 3.11　Fingermouse 系统

在国内，北京理工大学等单位展开基于穿戴视觉的手势交互研究。柳阳采用穿戴计算机、立体视觉头、图像传输板和头戴显示器等搭建了一套穿戴视觉系统（wearable vision system，WEVIS）。该系统提供了一种基于穿戴视觉的手势交互界面，可通过手势变换实现自然的交互操作，如手写输入等。WEVIS 系统将立体视觉机提供的深度信息用于手势跟踪，并计算手势的指示方向确定手势所指向的目标（图 3.12）。

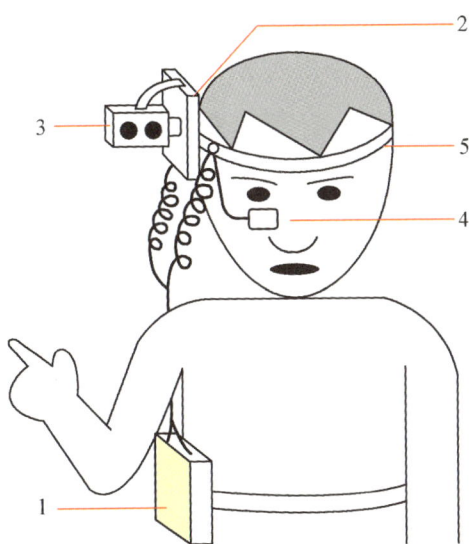

图 3.12　WEVIS 系统的示意图

1—穿戴计算机；2—图像传输板；3—立体视觉头；
4—显示器；5—头带。

上述基于单目视觉的大部分穿戴交互系统都基于肤色特征实现人手的分割和跟踪，能实现快速的人机交互，但颜色特征对光照比较敏感，难以适应穿戴计算环境的动态变化。多线索融合是一种有效的解决途径，能显著提高目标跟踪的鲁棒性。此外，单目视觉系统无法获取深度信息，限制了人机交互的灵活性和多样性。文献引入双目视觉系统，并分别探讨了立体视觉信息在障碍物检测、人手分割和手势跟踪算法中的应用。

（二）穿戴计算与穿戴视觉

基于视觉的人机交互技术通过成像设备获取交互场景的图像序列，提取视觉特征实现目标的跟踪和识别，在分析理解人的交互意图及相关上下文信息的基础上，提供准确可靠的交互服务和反馈结果。该技术领域是近些年来计算机视觉领域备受关注的研究方向之一，研究内容包括人体行为分析与理解、人脸／手势识别、上下文感知等领域，涉及计算机视觉、人工智能、模式识别、计算机图形学、认知科学和心理学等多个学科的知识。丰富直观的视觉信息可以提供大量的线索来获取人体的行为信息和上下文信息，从而使计算机准确地理解用户的交互意图。此外，该方式允许用户通过自然的肢体语言实现与计算机的交互，是一种以人为中心的交互方式，无需佩戴任何电子传感器件，也不会限制用户的运动，很容易学习掌握并被用户接受。

穿戴计算机是一种新概念的个人移动计算系统，具有体积小、重量轻、可穿戴、随人移动和持续可用等特点，是计算机硬件微型化和追求以人为中心计算趋势的必然产物。目前，关于穿戴计算还没有一个普遍认可的定义。Mann将穿戴计算机定义为这样一类计算机系统：

它属于用户的个人空间，被人控制，与人交互，并具有操作和交互的持续性（constancy），即总是处在工作、待用和可存取状态。Rhodes认为穿戴计算机具有持续运行的特性、能够解放人的双手，并且主动地感知穿戴者周围的环境。Starner认为穿戴计算描述的是人和计算机的结合体，将人机接口看成是穿戴者能力的一种扩展，该接口不需要过多地分散人的注意力。

与传统计算模式如桌面计算、便携式计算等有显著的不同，穿戴计算是一种可穿戴的、以人为中心的、人机协作的计算模式，旨在建立持续、自然的人机交互接口；增强、扩展人的感知、记忆和通信等能力；通过人机协作方式更高效地实现交互任务。针对穿戴计算环境，研究人员开发了一系列可穿戴的交互设备，比如Twiddler键盘、手臂键盘和数据手套等。这些输入设备的可操作性和便携性已有大幅度提高，但仍然没有摆脱机械交互装置本身存在的局限性，如以计算机为中心和交互方式不自然等，因此人们开始致力于研究更自然、更智能的穿戴交互技术。基于穿戴视觉（wearable vision）的交互和感知技术提供了一种很有发展潜力的研究方向。该技术将摄像机等视觉传感设备穿在身上，使计算机随时随地观察穿戴者的行为及其周围环境，通过视觉感知技术主动预测穿戴者的交互意图，并向穿戴者提供适时的提示和反馈，实现以人为中心的交互和感知。穿戴视觉交互和感知技术涉及穿戴计算、计算机视觉、人机交互、目标跟踪、模式识别、人工智能和认知心理学等多个学科的知识，具有重要的理论研究意义。

在未来的战场上，每位装备穿戴计算机的战士就是一个获取、传输及处理信息的移动网络节点，通过信息共享和相互协作能实现有效的战术配合（如未来士兵）。除军事用途外，穿戴视觉交互也将给人们的日常生活带来全新的体验和乐趣，如穿戴者的视野中出现银行标志时计算机会自动搜索备忘录以便提醒用户办理相关业务（如谷歌眼镜）；在穿戴者与人交谈时，计算机能够识别出对方的身份并将相关资料反馈给用户等。公安和安检部门人员通过佩戴穿戴视觉系统能以隐蔽的方式实现人脸识别和分析，执行反恐、监视等任务。此外，穿戴视觉还可以用于辅助盲人或者视力受损者进行日常活动。

穿戴计算环境也为视觉交互领域带来新的研究内容和挑战，如摄像机抖动、视角和光照变化、复杂背景等因素都对视觉交互和感知产生很大的影响。人的介入（human-in-the-loop）是穿戴视觉的典型特点，也是穿戴视觉与桌面视觉、机器人视觉的主要区别。

（三）三维人机交互

随着计算机技术的不断发展，人机交互技术经历了基于键盘和字符显示器的交互阶段、基于鼠标和图形显示器的交互阶段、基于多媒体技术的交互阶段、基于多模态技术的交互阶段，现在正在向第四代人机交互阶段发展。虚拟现实技术的快速发展，为人机交互提供了新的发展方向（图 3.13）。随着虚拟现实技术的发展，二维人机交互已经不能满足需求。三维人机交互就是为了克服传统人机交互的二维限制而发展起来的，其目的是在人机之间构造一种自然直观的三维交互环境。同时，由于虚拟现实技术的一个最重要特征是它的立体沉浸感，为了达到三维效果和立体沉浸感，并构造三维用户界面，人们先后发明了立体眼镜、头盔式显示器、双目全方位监视器、墙式显示屏等。它们已经广泛用于不同需求、不同平台的虚拟现实系统中。作为一种新型人机交互形式，虚拟现实技术比以前任何计算机模式都有希望彻底实现和谐的、"以人为中心"的人机界面。

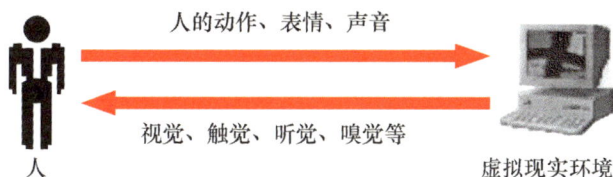

人的动作、表情、声音

视觉、触觉、听觉、嗅觉等

人　　　　　　　　　　　　　　　　　　虚拟现实环境

图 3.13　虚拟现实系统中的人机交互

从图 3.13 可以看出虚拟现实的三个认知特征，即沉浸感（immersion）、交互性（hiteraction）、想象性（imagination）。沉浸感能给人带来真实世界的感觉，全方位地沉浸在这个虚幻的世界中；交互性不同于 CAD 系统所产生的模型，可以对使用者的输入做出反应；想象性是用户和 VR 系统并发操作，发挥用户的创造性想象力。

多通道人机界面（multimodal userInterfaee，MMI）是基于视线跟踪、语音识别、手势输入、感觉反馈等新的交互技术。它允许用户利用多个交互通道以并行、非精确方式与计算机系统进行交互，旨在提高人机交互的自然性和高效性。MMI 是解决科学计算可视化、虚拟现实对计算机系统提出的高效的、三维的和非精确的人机交互要求。在 MMI 中，用户可以使用自然的交互方式，如语音、手势、眼神、表情等与计算机系统进行协同工作。多通道用户界面主要关注人机界面中用户向计算机输入信息以及计算机对用户意图理解的问题。

（四）发展趋势

1. 自然化的人机交互技术

随着时代的发展，人的感受已经成了设计需要考虑的重要问题，同样人机交互也不例外。由于人适应了这样一种通过多种方式来共同控制客观对象，并同时希望快速看到控制结果的状况，使得自然化的用户界面成了一个快速发展的趋势，比较明显的就是虚拟现实技术的发展。用户借助必要的设备以自然的方式与虚拟环境中的对象进行交互作用、相互影响，从而产生亲临真实环境的感觉和体验。虚拟现实是多媒体发展的高级阶段，是人与机器无障碍交互的自然境界。

2. 智能化的人机交互技术

智能化使设计（主要是使人）在任何情况下都能感觉自己处于一个最佳的状态，其中改变的主要是机器，而不是人本身。一方面智能化交互设计将提高人的生活质量和改善人的生活环境，在这样一个交互设计的环境下人与人之间的距离将会变得很近，人在使用过程中将体会到极大的愉悦性，提高了他们对生活的热情度；另一方面智能化人机交互设计将实现尼葛洛庞蒂"界面应该设计得像人一样，而不是像仪表板一样"的愿望，因为"这种设计不仅了解人的需求和感觉，而且表现出超凡的聪明才智，以至于物理界面本身消失不见了"。当然这里的物理界面并没有真正的消失，相反是随时随地都能出现，这种状况更加体现了人在其中的作用，即让所有的机器都调整至最佳的状态来适应人的需要，那时的界面可以是任何一个平面，这样的平面不仅传达单一的视觉效果，而且还会有听觉、嗅觉等多通道的方式。

二、无线传输通信技术

（一）无线射频识别 RFID 技术

无线射频识别技术 RFID（radio frequency identification）是利

用无线电波进行通信的一种自动识别技术。基本原理是通过读头和黏附在物体上的标签之间的电磁耦合或电感耦合进行数据通信，以达到对标签物品的自动识别。自动识别是指应用一定的识别装置，通过被识别物品和识别装置之间的接近活动，自动获取被识别物品的相关信息，并提供给后台计算机处理系统来完成相关后续处理的一种技术。

RFID 的主要频段有 125kHz、134.2kHz、13.56MHz、860 ～ 960MHz、2.45GHz 和 5.8GHz。不同工作频率的 RFID 系统工作距离各有不同，应用领域也有差异。低频段（LF，125kHz、134.2kHz）的 RFID 系统主要用于动物识别，工厂数据采集等；高频（HF，13.56MHz）的 RFID 系统技术已经比较成熟，广泛应用于门禁、智能交通等方面，LF 和 HF 频段应用电感耦合方式工作，一般工作距离较小；超高频段（UHF，860 ～ 960MHz）的 RFID 系统电子标签有效工作距离可以达到 3 ～ 6m，适用于物流、供应链等领域。微波频段（2.45GHz 和 5.8GHz）则应用于集装箱管理和公路收费，UHF 和微波频段应用电磁耦合方式工作，工作距离较远。

1．ISO/IEC 15963 应用场合

（1）人工通道

人员通道是 ISO 15693 标准最具代表性的产品，产品一般支持一维或二维方向的标签识别，典型标签读写距离 120cm 以上，目前广泛应用于个人身份识别、会议签名、图书馆管理、门禁控制、物品跟踪、物品防伪、仓储物流等领域（图 3.14）。

（2）全向通道

全向通道支持标签的三维方向读取，通道间距可达 90cm 以上，

图 3.14　ISO/IEC 15963、ISO/IEC 14443、M24LR 套件

支持 EAS、AFI 检测模式，支持脱机应用及多天线并列使用，可自动统计并显示人员进出次数，主要应用于图书防盗、身份识别、会议签到、门禁控制（图 3.15）、物品跟踪等领域。

图 3.15　ISO/IEC 15963 应用

（3）智能书架

智能书架是一套高性能的在架图书实时管理系统，利用 RFID 技

术实现在架图书单品级物品识别，可完成馆藏图书监控、清点、图书查询定位、错架统计等功能。智能书架系统具有检测速度快、定位准确等特点，可应用于图书、档案、文件管理等领域（图 3.15）。

2．ISO/IEC 14443

ISO 14443 是针对射频识别应用的一个适应于近场通信的 RFID 国际标准，其所支持的最大的识读距离为 10cm，ISO 14443 标准定义了工作在 13.56MHz 下智能标签的空气接口及数据通信规范。

ISO 14443 规定了两种阅读器和近耦合 IC 卡之间的数据传输方式：A 型和 B 型即 Type A 和 Type B，该标准支持的最小数据通信速率为 106kbps，最大可支持 848kbps。Type A 是由 Philips（NXP）等半导体公司最先首次开发和使用，是目前国际上应用最广泛的协议标准，从 PCD 到 PICC 采用 ASK 100% 的调幅调试方式，从 PICC 到 PCD 采用 OOK 副载波调试方式。Type B 是一个开放式的非接触式智能卡标准，从 PCD 到 PICC 采用 ASK 10% 的调幅调试方式，从 PICC 到 PCD 采用 BPSK 副载波调试方式。

ISO 14443 标准主要应用于人员管理及小额支付的近距离安全识别领域，主要应用领域如一卡通、会员管理、人员考勤、购物卡、身份识别、电子证件等（图 3.16）。

（二）近场通信 NFC 技术

NFC 是 near field communnication 的简称，又被称为近距离无线通信，也叫近场通信，是一种近距离的高频无线通信技术。相较于射频通信，NFC 能够在通信设备之间进行非接触式点对点的数据传输，

图 3.16　　ISO 14443 应用

这意味着通信设备能够在 10cm 内进行数据的传输。NFC 技术由免接触式射频识别。近场通信技术（NFC）是一种短距高频的无线传输技术，相对于无限射频技术的多频段工作，NFC 技术只在 13.56MHz 频率下进行工作，作用范围也更加小，在 20cm 距离内才能起到作用。目前 NFC 近场通信已通过相关标准，其中主要有 ISO/IEC IS 18092 国际标准，EMCA-340 标准与 ETSI TS 102 190 标准等。由于 NFC 技术具有天然的安全性，NFC 技术被认为在手机支付等领域具有很大的应用前景。

1. NFC 技术基本原理和用例

NFC 有两种工作模式，即主动模式和被动模式。主动模式下发送数据的设备向其他设备发送数据时，必须产生自己的射频场，如图 3.17 所示。发起设备和目标设备在发送数据时，都产生了自己的

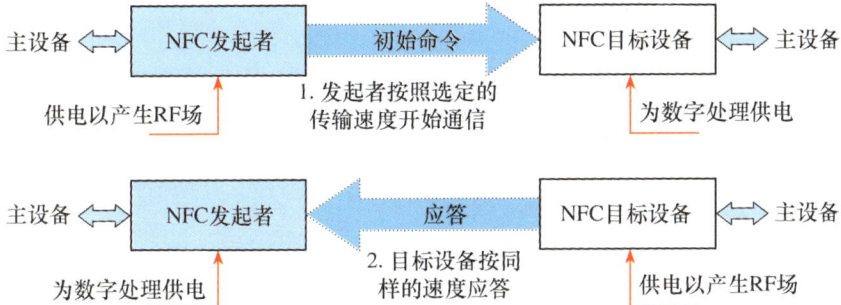

图 3.17　NFC 主动工作模式原理

射频场，通过此来进行通信。这是对等网络的标准模式，能够获得非常快速的连接设置。工作在主动模式时，通信双方收发器加电后，任何一方都可以通过协议来发起。

NFC 主要的三种用法（图 3.18）如下。

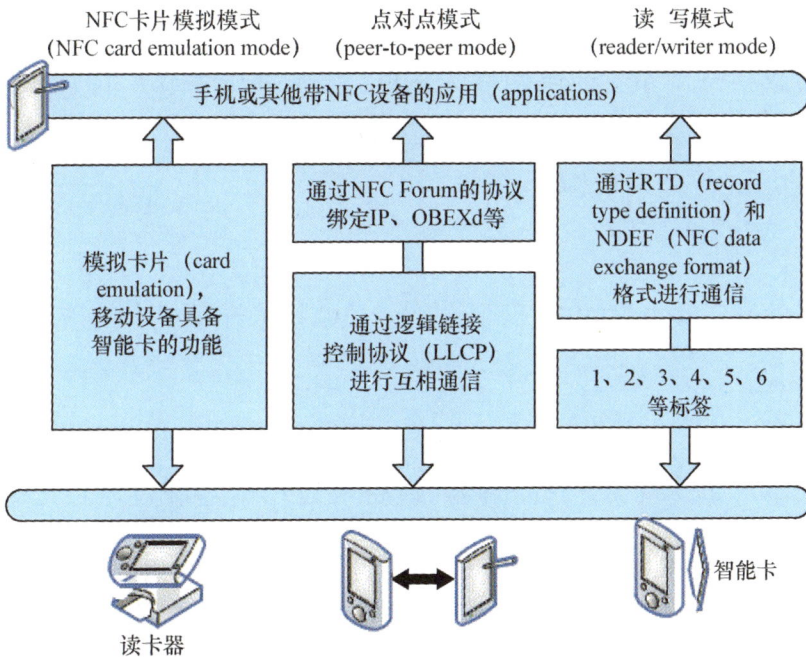

图 3.18　NFC 的三种使用方法

（1）模拟卡片模式

在这种模式下，具有 NFC 功能的手机很像一个被外部读卡器读取的传统非接触智能卡。例如，Visa 卡上的一些保密数据写在手机的保密单元里，数据被外部读卡器读取，并发送信息以进一步操作。这使得不改变现有设施的基础上就可以使用 NFC 手机进行非接触的支付和票务业务。移动支付、票务访问控制等就是这种用法的实例。

（2）点对点模式

在这种模式下两台带 NFC 功能的设备可以彼此交换数据。两台设备都参与通信，如交换名片。当我们接触两台设备时可以互换名片。另一个例子是，可以通过接触来配对蓝牙耳机。第三个例子是 NFC 聊天应用，两台手机按 NFC 论坛的数据交换格式互相通信。

（3）读/写模式

这种模式下，NFC 设备（如手机）可以读写 NFC 标签。NFC 智能海报是一个例子。海报中嵌入 NFC 标签，其中写入了关于海报内容的更多信息，设备可以读取标签中的信息，以进一步操作。

2．NFC 的应用

NFC 设备被很多手机厂商应用，NFC 技术在手机上的应用主要有以下五类。

① 接触通过（touch and go），如门禁管理、车票和门票管理等，将储存着票证或门控密码的设备靠近读卡器即可，也可用于物流管理。

② 接触支付（touch and pay），如非接触式移动支付，用户将设备靠近嵌有 NFC 模块的 POS 机可进行支付，并确认交易。

③ 接触连接（touch and connect），如把两个 NFC 设备相连接，

进行点对点（peer-to-peer）数据传输，例如下载音乐、图片互传和交换通讯录等。

④ 接触浏览（touch and explore），用户可将 NFC 手机接靠近街头有 NFC 功能的智能公用电话或海报，来浏览交通信息等。

⑤ 下载接触（load and touch），用户可通过 GPRS 网络接收或下载信息，用于支付或门禁等功能，如前述，用户可发送特定格式的短信至家政服务员的手机来控制家政服务员进出住宅的权限。

最新推出的诺基亚 Lumia920/820 中对 NFC 技术的应用比较成熟，不仅有传统的 NFC 技术应用，还开发了基于 NFC 技术的外部设备，如 NFC 无线耳机。

国内的部分厂商在 NFC 的应用上也大步迈进，认识到 NFC 是未来的发展潮流趋势。例如，nubia Z5 内置了 NFC，而且支持 AndroidBeam，可与同样支持 NFC 的手机分享内容。而 NFC 标签则是一项从 NFC 中衍生出的功能，nubia 都配送一个 NFC 标签，只要手机靠近 NFC 标签就能进行一些特定的功能（可以一次单个，也可一次多个）。首次靠近标签，手机会提示检测到新的标签，并可以对标签添加各种任务（比如打开图库、启动应用等）。

除了手机上的 NFC 应用，越来越多的音频设备开始加入 NFC 功能，意在更为便捷的同手机和平板等多媒体设备进行快速连接，这一技术的应用，彻底解决了蓝牙连接配对烦琐、时间长的缺点，也进一步加速了蓝牙技术在耳机和音箱上面的应用和普及。自 2013 年起，捷波朗、诺基亚、缤特力、WOOWI 等蓝牙设备厂家都相继推出了支持 NFC 功能的音频设备。

Android 2.3.3 增强了 NFC（近场通信）的特性，并带来了新的 API 供开发者使用。目前在国内，蓝牙生产商都对 NFC 的未来非常有信心，NFC 拥有高安全性、快速联结认证以及芯片价格低的优点，将会有越来越多的蓝牙厂商植入 NFC 技术，目前在国内派美特蓝牙产品已经拥有 NFC 功能，只需验证码即可，且传输速度快，简单易用。

移动医疗兴起将带动蓝牙 4.0（Bluetooth 4.0）和近距离无线通信（NFC）应用版图扩大。为实现移动医疗应用，可携式医疗设备制造商正积极开发具备无线通信功能的新产品；而蓝牙 4.0 与 NFC 技术由于分别具备低耗电和高安全性的优点，已广泛被业界采用，成为当今移动医疗市场最热门的两大无线传输技术。移动医疗加速发展已引发更激烈的无线通信技术卡位大战，包括 NFC、蓝牙、ANT+、ZigBee 和无线区域网路（Wifi）芯片商皆全力抢占市场，以获取可携式无线医疗设备的巨大商机。尽管上述方案各具优势，但蓝牙由于拥有广大的移动装置应用基础，且最新蓝牙 4.0（或称低功耗蓝牙）规格耗电量大幅降低；而 NFC 则具备高安全性、快速联结认证及芯片价格便宜等优点，因而成为现阶段移动医疗应用最受欢迎的两项无线通信技术。

最早的推广和应用几乎只是由诺基亚（NOKIA）公司一家公司在积极进行，而日本可能是 NFC/RFID 手机发展最为顺利的地区。在手机厂商、运营商、商家、银行的联合推广下，日本的手机前几年就集成了公交卡、小额支付甚至是信用卡功能，但 NFC 在日本基本上也只能用于各种与支付相关的服务，远没有发挥这种技术的全部潜力。现在越来越多的智能手机厂商开始看好 NFC，谷歌公司首先发力，其 Android 操作系统自 2.3 版本开始就支持 NFC，相关软件栈和 API 与恩智浦共同开发，谷歌公司力推的 Nexus S 也理所当然地采用了恩智浦的 PN544 NFC 芯片。谷歌公司并没有像诺基亚公司一样，而是将 Android 源码中的 NFC 软件栈完全开源，并且推出了基于 NFC 的具体应用"google wallet"，为 NFC 的推广做足了准备。然而就目前来看，手机平台里似乎只有 Android 平台的准备最为充分，而黑莓（blackberry）手机生产厂商 RIM 也已经开始在黑莓手机上配置 Inside Secure 的 NFC 芯片并支持相应的功能，并且还将继续加大对 NFC 技术的支持。至于个人电脑市场，目前已经有少数集成了 NFC 芯片的产品。相较于国外厂商，国内的厂商也开始了 NFC 相关功能的研发，但几乎都是在国外厂商提供的芯片的基础上提供解决方案，尚无自己设计芯片和制造的能力。

RFID、NFC 无线传输相关企业见表 3.1。

表 3.1　RFID、NFC 无线传输相关企业

企业名称	简　　介
北京东方恩拓科技有限公司	专业研发物联网（RFID）相关产品及系统解决方案提供商，涉及企业等组织的信息化基础平台建设、智能卡综合应用、"B/S 一卡通云平台"、生物识别、RFID 物联网、综合安保等系统。主要产品有 RFID 手持终端、有源 RFID 产品与系统、RFID 行业集成软件、生物识别
北京鼎创恒达智能科技有限公司	以 RFID 物联网技术为核心，结合无线网络技术和云计算技术，注重于行业智能化综合管理解决方案的设计研发，业务涵盖智能身份识别、跟踪定位、过程控制、智能安防、防伪技术、物流仓储、资产管理、车辆人员管理等。主要产品有 RFID 标签、RFID 模块与读写器产品、RFID 手持终端、有源 RFID 产品与系统、RFID 行业集成软件、智能卡
盛天和科技北京有限公司	专业从事无线射频产品的生产。主要经营：RFID、reader、电子标签，射频标签，二代证等产品
香港明辉智能标签有限公司	专业从事 NFC 标签的研发，生产和销售为一体的制造型高科技企业。主要产品 NFC 标签、NFC 防伪标签、NFC 读写器、NFC 抗金属标签、NFC 手腕带、NFC 智能卡片、NFC 滴胶卡、NFC 智能海报、NFC 钥匙扣、可编程的 NFC 标签等

企业名称	简　　介
深圳一电科技有限公司	拥有业内一流的专业研发设备、生产设备，致力于无线音视频传输技术的专业研发，专注于无线传输技术、影像处理技术和智能控制技术的产品研发，拥有发明专利、实用新型、外观专利、软件著作权 300 余项。主要产品有无线监控产品、非手持摄像机和军警装备产品三大系列
深圳市远望谷信息技术股份有限公司	拥有 50 多项 RFID 专利技术、5 大系列 60 多种具有自主知识产权的 RFID 产品。主要产品：电子通信设备、自动识别产品、射频识别系统及产品、计算机软、硬件系统及其应用网络产品、移动手持终端产品、射频系统产品的机械加工
中山达华智能科技股份有限公司	设有"中山市智能 IC 卡工程技术研究开发中心"、"广东省电子标签卡封装工程技术研究开发中心"和国家发改委综合运输研究所"智能信息系统应用研究室"。主要产品：非接触 IC 智能卡、非接触式 IC 卡读卡器、接触式智能卡；计算机周边设备；电子遥控启动设备
深圳市创新佳电子标签有限公司	致力于 PVC 卡、智能卡的生产和销售，与美国 Vein 研发公司及芯片 RFID 应用设备研发公司合作成立 RFID 研发部，提供管理应用方案。主要产品：RFID、NFC 电子标签、智能卡、PVC 卡、RFID 硅胶手腕带、NFC 蓝牙标签、Inlay、滴胶卡、接触式卡
深圳市领域物联网技术有限公司	致力于物联网行业无线射频识别技术研发、产品制造及方案提供的高新科技企业，拥有一支专业的无线射频识别技术研发团队，配备行业先进的生产设备、高精密的检测仪器及产品实验室。主要产品：RFID 标签、NFC 标签、NFC 天线
富泰华工业（深圳）有限公司	致力于物联网产品的研发、设计、生产与制造。产品包括 RFID 读写器、RFID 标签、RFID 中间件、工业数据采集器、嵌入式工控终端
广州丰融智能科技有限公司	专业从事物联网 RFID 电子标签，智能卡、智能读写设备的研发、生产、销售的高科技企业。主营 RFID 电子标签、智能卡、RFID 手表卡、读卡器等
北京天安信通科技有限责任公司	研发具备先进定位技术的中小学生专用移动通信终端，研发具有先进摔倒报警技术的老人移动通信终端，建设基于 GPS 定位技术的 LBS（location based services）服务平台，以合作运营方式与移动运营商共同拓展市场。产品：儿童定位手表、手机 ebao

三、虚拟现实技术

（一）简述

1. 定义

虚拟现实系统（virtual reality，VR），是近年来出现的高新技术，也称灵境技术或人工环境。虚拟现实是利用电脑模拟产生一个三度空间的虚拟世界，提供使用者关于视觉、听觉、触觉等感官的模拟，让使用者如同身临其境一般，可以及时、没有限制地观察三度空间内的事物。

VR 是一项综合集成技术，涉及计算机图形学、人机交互技术、传感技术、人工智能等领域，它用计算机生成逼真的三维视、听、嗅觉等感觉，使人作为参与者通过适当装置，自然地对虚拟世界进行体验和交互作用。使用者进行位置移动时，电脑可以立即进行复杂的运算，将精确的 3D 世界影像传回产生临场感。该技术集成了计算机图形技术、计算机仿真技术、人工智能、传感技术、显示技术、网络并行处理等技术的最新发展成果，是一种由计算机技术辅助生成的高技术模拟系统。

2. 虚拟现实系统的构成及分类

虚拟现实（VR）系统由计算机局部或全部生成多维虚拟感觉环境产生各种感观信息，如视觉、听觉、触觉、味觉和嗅觉等，接受并认识客观世界中的客观事物。VR 系统的构成如图 3.19 所示。

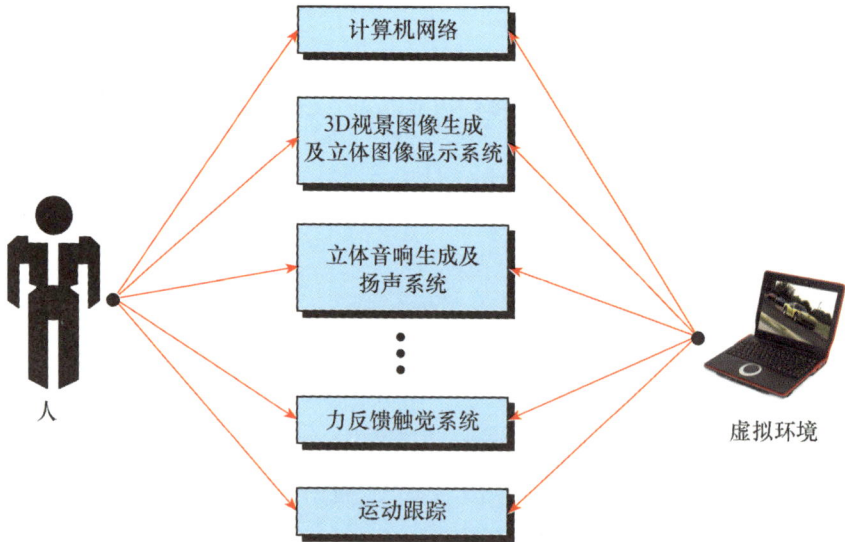

图 3.19　虚拟现实系统的组成

VR 系统的形式基本包括桌面式 VR、沉浸式 VR、遥现系统、分布式 VR、增强型 VR 等。从宏观层面上，虚拟现实的构成由软件和硬件两部分组成，如图 3.20 所示。

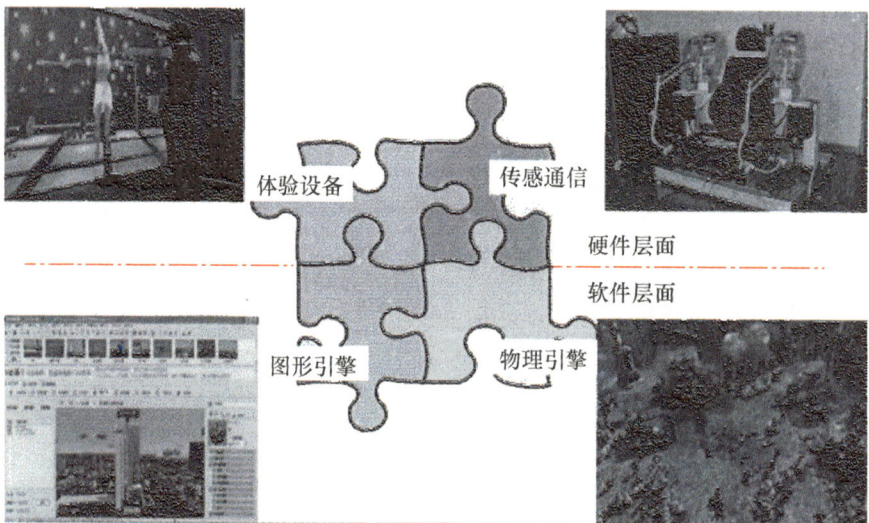

图 3.20　虚拟现实系统的软硬件组成

（二）发展现状

VR 技术最早在 20 世纪中期由美国 VPL 探索公司和它的创始人 Jaron-Laniev 提出这一概念，后来美国宇航局的艾姆斯空间中心利用液晶显示电视和其他设备，开始研制低成本的虚拟现实系统，推动了该技术硬件的进步。目前，虚拟现实技术已获得了长足的发展。在国内，20 世纪 80 年代末开始进行研究，目前还处于初级阶段。从 90 年代初起，美国率先将虚拟现实技术用于军事领域，主要用于四个方面，即虚拟战场环境、单兵模拟训练、实施诸军兵种联合演习、指挥员训练。

日本主要致力于建立大规模 VR 知识库的研究，在虚拟现实类游戏方面的研究也处于领先地位。京都的先进电子通信研究所（ATR）正在开发一套系统，它能用图像处理来识别手势和面部表情，并把它们作为系统输入；富士通实验室有限公司正在研究虚拟生物与 VR 环境的相互作用，以及虚拟现实中的手势识别，已经开发了一套神经网络姿势识别系统，该系统可以识别姿势，也可以识别表示词的信号语言。日本奈良尖端技术研究生院大学教授千原国宏领导的研究小组于 2004 年开发出一种嗅觉模拟器，只要把虚拟空间里的水果拉到鼻尖上一闻，装置就会在鼻尖处放出水果的香味，这是虚拟现实技术在嗅觉研究领域的一项突破。

我国 VR 技术研究起步较晚，与国外发达国家还有一定的差距，但现在已引起国家有关部门和科学家们的高度重视，并根据我国的国情，制定了开展 VR 技术的研究计划。北京航空航天大学计算机系是国内最早进行 VR 研究的权威的单位之一，并在以下方面取得进展：着重研究了虚拟环境中物体物理特性的表示与处理；在虚拟现实中的视觉接口方面开发出部分硬件，并提出有关算法及实现方法；实现了分布式虚拟环境网络设计，可以提供实时三维动态数据库、虚拟现实演示环境、用于飞行员训练的虚拟现实系统、虚拟现实应用系统的开发平台等。浙江大学 CAD&CG 国家重点实验室开发出了一套桌面型虚拟建筑环境实时漫游系统，还研制出了在虚拟环境中一种新的快速漫游算法和一种递进网格的快速生成算法；哈尔滨工业大学已经成功地虚拟出了人的高级行为中特定人脸图像的合成、表情的合成和唇动的合成等技术；清华大学计算机科学和技术系在虚拟现实和临场感等方面进行了研究；西安交通大学信息工程研究所对虚拟现实中的关键技术——立体显示技术进行了研究，提出了一种基于 JPEG 标准压缩编码新方案，获得了较高的压缩比、信噪比及解压速度；北方工业大学CAD 研究中心是我国最早开展计算机动画研究的单位之一，中国第一部完全用计算机动画技术制作的科教片《相似》就出自该中心。

（三）关键技术

虚拟现实技术是多种技术的高度综合，如计算机图形学技术、立体显示技术、输入输出技术等。下面对一些关键技术进行简要说明。

1. 实时的三维图形图像生成技术

利用计算机模型产生图像并不是很复杂。基于计算机视觉的三维人机交互技术研究及应用如果有足够准确的模型，又有足够的时间，我们就可以生成不同光照条件下各种物体的精确图像。目前，三维图形的生成技术已经比较成熟，但是这里的关键问题是如何实时生成，在不降低图形的质量和复杂程度的前提下，如何提高帧率将是今后重要的研究内容。此外，VR 还依赖于立体显示和传感器技术的发展，现有的虚拟设备还不能满足系统的需要，有必要开发新的三维图形生成和显示技术。

2. 动态环境建模技术

虚拟环境的建立是 VR 技术的核心内容，动态环境建模技术的目的是获取实际环境的三维数据，并根据需要建立相应的虚拟环境模型。

3. 多功能的交互技术

多功能的交互技术就是让用户能从虚拟环境中获取和真实环境一样的或者相似的听觉、视觉、触觉和力觉等感官认知的关键技术，包括传感器技术、识别定位技术、语音综合识别装置、视觉跟踪技术、感知建模、文字识别及数据手套、数据衣等设备的研究。

4. 信息压缩与数据融合技术

为使 VR 系统能实时地处理大量的多维化信息，一方面应尽量提高计算机的处理速度；另一方面也应该研究出更高效的信息压缩与数据融合的算法和技术。在 VR 系统中所进行观测活动状况下的图像处理，是基于交互作用的图像处理。所以，VR 系统对图像处理便提出了更高的要求，即不能将全部负担都压在计算机的硬件性能上，而应把研究新型、高效的数据压缩算法以及研制专用的数据压缩芯片、数据融合新技术与新算法作为关键技术来突破。

5. 系统集成技术

在 VR 系统中存在由各种传感器所输出的数字和模拟信息，它们有的用声音、图像、文字的形式表示；也有的用视觉、听觉、力觉、触觉、味觉、嗅觉的方式来表达。同时，在 VR 系统中还存在着虚拟的和真实的环境，在该环境中有虚拟的对象和真实的人。这些信息中有实时与非实时、瞬变与缓变、可确定与不可确定、相互支持与互补或相互制约与矛盾等。如何将这些多维化信息、来自虚拟和真实对象的信息进行综合集成，使之协调一致，是一项十分重要的关键技术，关键要靠 VR 系统的核心，即虚拟环境生成器来完成。集成的目的是建立一个最优化结构、自适应、高性能、颇具竞争力的实时、互操作的系统。

（四）应用

2014 年 3 月 Facebook 以 20 亿美元收购的 Oculus rift 是一款虚拟现实（VR）的头戴式显示器。在带上它之后，使用者将看到另一个虚拟的世界，并且通过双眼视差，使用者会有很强的立体感。此外，由于 Rift 眼镜当中配有陀螺仪、加速计等惯性传感器，可以实时地感知使用者头部的位置，并对应调整显示画面的视角。这样一来用户就仿佛完全融入了这个虚拟世界当中（图 3.21）。

Rift 的最佳应用之一就是电子游戏。虽然目前各类游戏已经可以渲染出以假乱真的 3D 场景（图 3.22），但是玩家的视野仍旧"局限于"一个有限大小的显示器之中。若使用 Rift 眼镜，相信可以极大增强玩家的现场感，可以体验到像电影《Matrix》中那样后脑插上电缆，就可以进入另一个世界的感觉！美国军方使用虚拟现实眼镜对士兵进行训练，具体见图 3.23。

在 2014 年 3 月 19 日召开的游戏开发者大会（GDC）上，索尼正

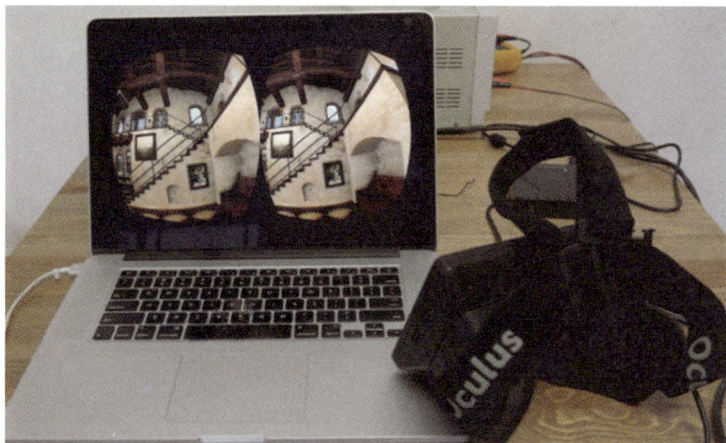

图 3.21　Rift 将电脑中的虚拟场景展现给用户

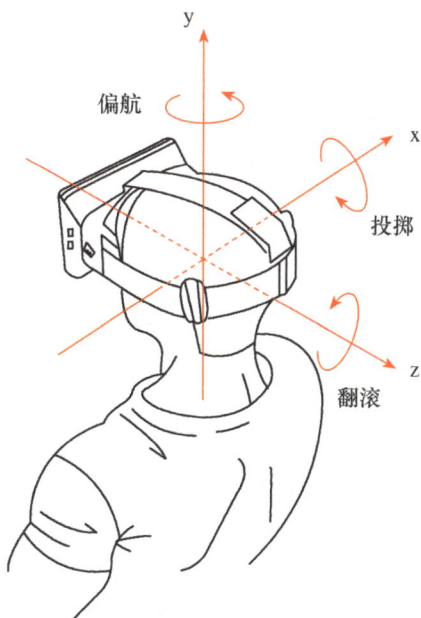

图 3.22　美国军方使用虚拟现实眼镜对士兵进行训练

式公布的虚拟现实头盔"梦神"（Project Morpheus，又名墨菲斯计划）。
Project Morpheus 内部装配有两个目镜和一块隐藏于内部的 5in 显示屏，
能够提供双眼 1920×1080 的高清图像输出和 90° 的宽广视野，而且

图 3.23　Rift 配备的惯性传感器感知用户头部的姿态信息

可以调节目镜焦距，如果焦距设置不对，那么用户所看到的图像将会出现黑边或是变形。操作方面，尽管眼镜自身能够通过内置传感器和分部四周的 LED 来配合 PlayStation Camera 来判断玩家头部的转动与空间位置，但手部的操作则仍需要使用 PS Move 或 DualShock 4 手柄来完成。刚上手时需要一点时间来适应这种操控方式，但随后便会感觉如鱼得水，肢体体验非常顺畅（图 3.24）。

图 3.24　虚拟头盔——"梦神"

在"城堡"项目的体验中，玩家可以转头来控制视角，并使用 PS Move 来挥动剑等武器，但实际操控过程中仍然可以感觉到延迟的存在，不过考虑到目前只是原型产品，因此相信索尼后续会通过性能优化来进行改善。而在"深海"项目中，玩家可以看到近似于真实的海底景观，甚至可以与鲨鱼来个亲密接触（图 3.25 和图 3.26）。

图 3.25 "城堡"体验

图 3.26 "深海"体验

索尼方面表示，除了游戏之外，高清的旅游体验也是 Project

Morpheus 的重要应用功能之一，就像"深海"一样，未来人们有望借助这款眼镜来任意游览世界各地的风景名胜，而目前索尼已经与 NASA 展开合作，共同创立名为"Mars Demo"的火星虚拟程序来为用户提供身临其境的外星之旅。另外，索尼开发的按计划应该会在 2014 年秋天正式上市、用于电视游戏机 PlayStation4（PS4）的虚拟现实头盔产品，外观很像 Oculus Rift 头戴虚拟现实眼镜，只是在体积上更加小巧，同时设备上还有多个突出的圆球形传感器，可以提供比 Oculus Rift 更加精准的玩家头部姿势定位（图 3.27）。

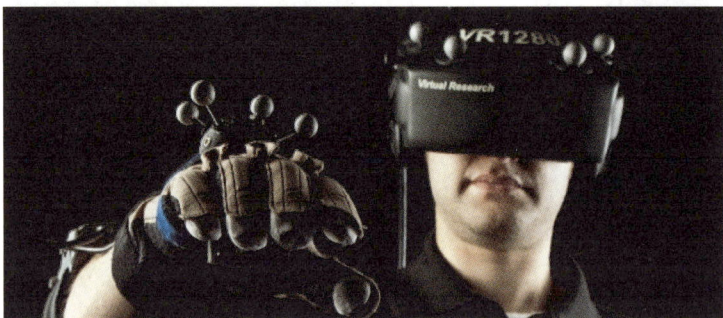

图 3.27　PS4 可穿戴虚拟现实设备假想图

表 3.2 列出了国内从事虚拟现实的主要企业。

表 3.2　从事虚拟现实的主要企业

企业名称	简　　介
北京理工大学光电学院	主要负责学校科学研究活动的组织、管理和服务以及学校科技创新平台的建设与管理。主要研究基于穿戴视觉的手势交互，增强现实技术
思特传媒科技有限公司	致力于互动多媒体产品创意设计与制作、软件技术研发，人机智能交互的研发。以多点触摸技术、运动识别技术等为核心的自主研发人机互动软件。现有多点触摸、体感识别、互动投影、虚拟成像及 AR 增强现实和 VR 虚拟现实六大互动系列产品

企业名称	简　介
南京投石科技有限公司	主要从事"人机交互系统"的研发、生产、销售等多媒体展示交互业务。专注于多媒体展厅，数字展厅的建设，提供地面互动投影、橱窗互动、多点触控、全息投影、内投球、外投球、幻影成像、虚拟现实等人机交互和互动投影方案。主要有全息投影、电子沙盘、科技创意产品、互动投影、多点触控、互动橱窗、互动桌面/沙盘、虚拟仿真实境、互动地面/互动墙面、管理软件等
北京曼恒数字技术有限公司	致力于为高端制造、能源、国防军工、教育科研和科普文博等领域提供基于 3D 虚拟现实技术的平台和系统产品。主要有虚拟现实沉浸式交互系统、虚拟设计协同工作平台、光学位置追踪系统、移动虚拟工作台
北京炫群科技有限公司	提供完善的数字多媒体整合服务，包括：数字多媒体设计、影像内容制作、投影应用技术、数字多媒体应用技术、数字多媒体现场调控技术。产品有热点制作、多点触控系统、超级舞台、数字互动墙、建筑 3D 投影、增强显示 AR、潘多拉投影
北京远大创图科技有限公司	专注于虚拟现实技术、高性能图形计算技术、专业三维立体显示技术、虚拟三维仿真可视化应用软件、图形计算机硬件、外设产品以及三维动画制作、影视动画宣传、并各种三维设计与室内设计等项目工程。产品有增强现实 – 虚拟城市（3D 物体追踪）、YDCT- 动感座椅、科技馆展项制作与设计、新式红蓝镜、3D 立体眼镜、360 度实景视图、平面媒体 3D 式互动
河北省汽车虚拟现实制作公司	专注于 APP 平台的设计开发，应用 IT 界先进成熟的技术与经验，开发和实施虚拟展示系统。产品有系统开发、软件开发、程序开发、Mac 软件开发外包、手机 APP 开发、iPhone 应用开发、iOS 客户端开发、安卓软件开发、移动应用开发、iPad 应用开发、APP 应用开发、Mac 客户端开发、灵境技术、虚拟仿真制作、可视化前端、VR 制作、数据可视化制作、前端体验制作、虚拟仿真设计、可视化前端
北京中视典数字科技有限公司	依托自主知识产权的虚拟现实平台软件，结合国际先进的图形图像技术、人机交互技术与互联网技术，从事虚拟现实行业应用产品研发、设计、销售和服务。产品有虚拟旅游、工程机械、煤矿仿真、智能可视化、军事仿真、交互艺术、教育实训、信息管理
上海虚拟谷数码科技有限公司	主要业务是为房产、旅游、会展、文博等行业提供专业虚拟现实技术服务。产品：VR.V 虚拟系统

企业名称	简　介
北京世纪银河虚拟技术有限公司	主要业务为三维产品展示，过程仿真操作。主要经营：三维产品展示、过程仿真操作、虚拟现实技术、场景仿真培训、虚拟建筑系统等产品
北京万方视景科技有限公司	以经营包装设备为主的服务型企业。主要经营仿真软件开发、大屏幕融合、软件融合、硬件融合、飞行模拟驾驶等产品
清华大学 CIMS 中心	国家 CIMS 工程技术研究中心，集中了清华自动化系、精密仪器系、机械系、计算机系等单位的技术优势和人员优势。主要研究信息技术研究、开发和应用、仿真与虚拟制造

四、增强现实技术

增强现实 AR，是一种将虚拟的物体与真实的环境相结合，以达到为真实的场景环境提供信息扩展和增强的技术。这种增强的信息可以是在真实环境中与真实环境共存的虚拟物体，也可以是关于存在的典实物体的非几何信息。这种虚实结合的技术可以提供对各种信息的可视化解释和表现，并能支持用户与其进行交互。它是一种能够有效地扩展人类的感知和表达的高级媒体交互手段，也是人机界面技术发展的一个重要方向。

增强现实与虚拟现实既有联系又有区别。增强现实是在虚拟现实技术的基础上发展起来的，二者都需要产生虚拟的场景或物体对象。但是，虚拟现实使用户完全沉浸于计算机生成的虚拟场景之中，而增强现实技术是一种虚实结合的技术，为实现真实环境和虚拟世界的有机结合架起了一座桥梁。增强现实技术自身的特点使之具有广阔的应用前景，可以广泛地应用于工业设计、机械制造、医疗手术、市政规划、军事训练、教育培训、文化娱乐、古迹恢复等许多领域。

（1）工业领域应用

在工业领域，增强现实这一名词最早出现于 20 世纪 90 年代初期，波音公司的 Tom Caudell 和他的同事在为波音飞机设计布线辅助系统时提出了这一概念。该系统利用头盔显示器把可视化的布线路径和文字提示信息实时地叠加在机械师的视野里。操作者无需查阅手册，甚至可以不需要工作经验，就可以利用叠加在周围环境上的图形和文字信息，依照提示一步步地完成全部布线工作。这一方法既节省了大量的培训成本，又可以减少日常操作中出错的几率。

（2）医学领域应用

在医学领域，AR 系统可以作为手术辅助工具。美国麻省理工学院的 AI 实验室利用 AR 技术将核磁共振（MRI）或 CT 扫描所成的 3D 图像叠加在病人的身体部位，通过头盔显示器（HMD）等显示设备赋予医师"透视眼"的功能。AR 系统还可以通过图像或文字信息为医师提供精确的手术导航，医师根据提示逐步完成手术操作，可以大大提高手术的成功率。

（3）考古领域应用

在考古方面，IntraCom 公司在欧盟的支持下研制了利用 AR 技术对古希腊遗迹现场复原的古迹电子导游系统（archeo guide）。这个系统由计算机服务器、无线网络、个人数据助理（PDA）客户端组成，其目的是使游人可以在现场看到古迹复原的效果（图 3.28 和图 3.29）。

（4）军事领域应用

在军事上，AR 系统通过可视化的图像或文字信息为士兵提供包括地理位置信息、目标、友邻和支援等在内的全方位战场增强信息，可以极大地提高士兵的作战效能。

图 3.28　Hera 原址实景

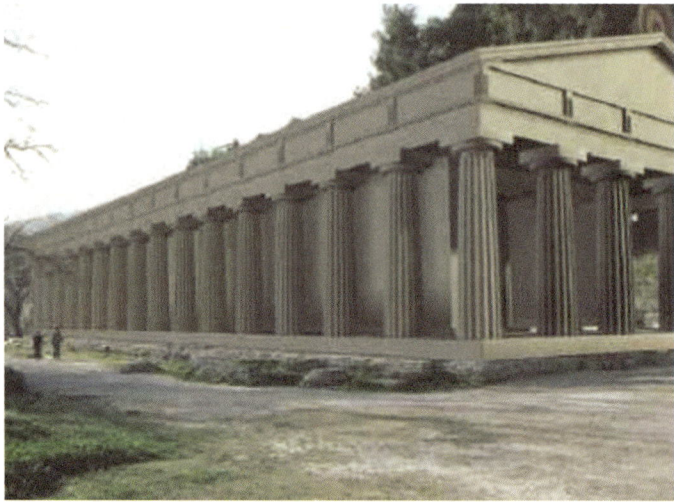

图 3.29　Hera 神庙的增强现实重建效果

（一）基本组成与关键技术

1. 基本组成结构

增强现实系统的基本组成结构如图 3.30 所示。它主要由以下几个

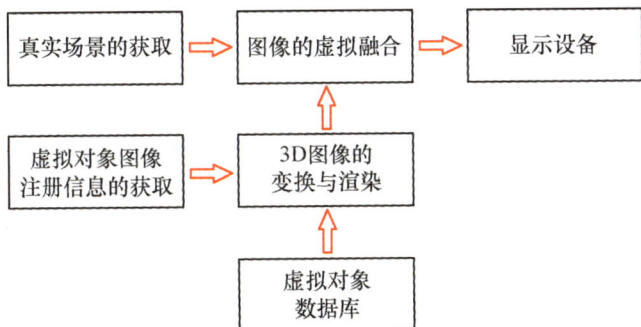

图 3.30　增强现实系统的基本组成结构

环节组成，即真实场景的获取、虚拟对象注册信息的获取、虚拟对象数据库、3D 图像的变换与渲染、图像的虚实融合、显示设备等。

系统首先需要获得真实的环境图像，然后需要获得虚拟对象的注册信息，即将虚拟物体准确地加入到真实场景中所需要的位置和姿态数据，计算机根据获得的注册信息，对虚拟对象进行坐标变换和渲染，再把它们与真实的场景图像叠加，实现虚实融合。最后，通过显示设备将虚实结合的增强图像信息提供给用户。

2. 增强现实系统的关键技术

注册定位和显示是增强现实系统中的两个最为关键的技术。目前国际上采用的注册方法主要包括基于跟踪设备的注册定位、基于计算机视觉的注册定位、基于视觉和跟踪设备的混合注册定位等。基于计算机视觉的注册技术研究目前在增强现实领域处于主导地位，其中又包括有标志点和无标志点的跟踪注册。无标志点的跟踪注册算法较复杂，仍处于研究阶段，虽取得了一些进展，但用于户外的 AR 系统尚未达到实用水平。虽然基于标志点的注册算法相当丰富和完善，但必须在场景中添加各种形状或不同颜色的标志点，这在大多数涉及文化遗产保护的应用中是不允许的。

经过虚实融合之后的合成图像需要通过显示设备提供给用户，包括手持个人数据助理（PDA）、头盔显示器（HMD）等不同形式。HMD 可以为用户提供具有临场浸没感的增强图像，它有视频透视式和光学透视式两种。前者与定点观察系统的工作方式相近，通过固定在头盔上的 CCD 摄像机采集真实场景图像，送到可穿戴计算机进行处理，再将融合的增强图像送回头盔显示器中呈现给用户。而光学透视式头盔允许用户直接看到外界的真实场景，根据注册定位信息投影、渲染后的虚拟图像，经过光学图像融合器件与真实场景的光路重合，使用户观察到增强的图像。

HMD 的研发目标是为用户提供既具有最佳虚实融合效果，又轻便灵巧的显示设备，其中涉及新型目视光学系统的设计和新型显示器件的研发，未来的新一代微显示器 LCOS 将会广泛地应用于头盔显示器中。

（二）技术应用

圆明园是我国清朝年间自康熙时代起，集中全国人力物力，历时百余年兴建的一座规模空前的大型皇家庭园，素有"东方凡尔赛宫"和"万园之园"的美称。可惜的是目前参观者只能通过图片资料间接地了解过去的盛时园林景象。而应用增强现实技术，可以在完整地保持遗址风貌的基础上，利用虚实场景融合，在现场直观地恢复出昔日的盛世景象，与遗址的废墟形成鲜明的对比，给参观者留下非常深刻的印象。

北京理工大学信息科学技术学院承担了基于增强现实的数字圆明园的研究项目。为实现圆明园的现场重建，提出了定点观察式、手持 PDA 式和基于 HMD 的可穿戴式 3 种不同的户外增强现实系统。完全基于自主知识产权的定点式 AR 系统可以在固定的地理位置上为用户提供现场实时立体增强效果。设备可以水平 360°、垂直 ±30° 旋转；手持 PDA 移动系统可以在一定移动范围内，通过 PDA 的视窗系统为用户提供具有增强效果的图像；HMD 可穿戴式系统的用户需佩戴头盔显示器、穿戴移动计算系统，允许在一定范围内自由行走，随时得到具有浸没感的增强场景图像。

系统的关键在于实现对用户视线的实时 6 自由度跟踪注册，需要建立一个在多种模式下混合跟踪的 AR 工作平台。系统的多传感器数据融合模块把差分全球定位系统（DGPs）和数字罗盘提供的辅助参考测量数据与图像等视觉信息相结合，传送给注册信息获取模块。

五、大数据传输技术

近年来，针对基于光网络的大文件大数据传输应用，国内外相关学者及研究机构开展了一系列研究。概括起来，其研究包括以下几个方面：在试验床方面，美国、加拿大、欧盟、日本近年来纷纷采用新一代的光网络技术，建设了面向 e-Science 应用的实验网络。

1. 数据传输协议方面

在数据传输协议方面，目前所采用的数据传输协议大多是 TCP（transport control protocol）协议或 UDP（user datagram protocol）协议。TCP 协议根据网络的拥塞状况来调整发送速率。在基于端到端电路互联的两个终端系统间，由于每一个连接具有自己独享的带宽，不存在网络资源的冲突。因此，TCP 协议以及基于 TCP 协议的一些扩展协议，如 Scalable TCP、SCTP 等，由于其慢启动、有限的滑动窗口机制及拥塞控制机制，在基于端到端电路传输数据的环境下不具有高效性。一种改进的方法是采用基于 UDP 的传输协议，如 RBUDP（Reliable Blast UDP）。该协议在发送端采用固定的速率发送数据，当所有数据传输结束后，接收端发送出错序列号，发送端再将出错数据进行重传。实验已证明，RBUDP 与 TCP 相比具有较高的传输效率。但是，当两个终端系统通过高速（如 10Gbps）的端到端电路来传输数据时，由于网络的吞吐量往往超出了终端系统的数据处理能力，当接收端的终端设备无法处理大量数据时，不可避免地会出现丢包现象。针对上述问题，一些研究如 GTP、LambdaStream、RAPID 等，通过改进 RBUDP 协议或调整发送端设备的数据发送速率，来减少丢包并提高系统的吞吐量，但是上述协议仍然无法解决网络带宽资源浪费等问题。

2. 网络资源管理方面

在网络资源管理方面，比较有代表性的研究成果包括：通过接受控制来调整网络资源的占用情况，避免带宽碎片的产生；通过提前预约机制来分配带宽，以提高资源利用率；采用多路径路由来达到负载均衡，以降低阻塞率；通过对带宽及路由周期性地重配置，来提高任务完成时间，并降低系统的拒绝率；针对任务完成时间限制，采用时间变化的带宽分配方法，以提高用户的满意度；根据传输任务请求，实现波长按需调整等。然而，上述方法存在的一个共同问题是，它们仅仅考虑给定传输任务下光网络的处理能力，没有同时考虑终端系统限制传输速率对网络带宽利用率的影响，也没有考虑网络故障或传输速率对终端系统运行状态的影响以及解决措施。因此，在网络带宽资源利用率及大数据传输应用可靠性方面仍然存在一定的问题。

六、制 造 技 术

可穿戴装备与微型结构制造密切相关，微型制件已在微电子、微机械、精密仪器及生物医学等领域得到成功应用。微细加工技术在微型制件成形中具有重要意义。

（一）微型模具制造技术

应用微细加工方法制作微型模具，再通过微型模具成形微型制件，具有生产效率高、制件尺寸稳定性好的优点。微型模具按照成形制件的不同可分为以下几种类型。

（1）微冲压类模具

多用于金属和塑料板材的成形，包括微冲切模具和微弯曲模具等。日本东京大学生产技术研究所进行的微冲压加工，已在 $50\mu m$ 厚的聚酰胺塑料板材上冲出了宽度为 $40\mu m$ 的非圆截面微孔。

（2）微锻造模具

微型锻造制件尺寸多在毫米量级以上，尺寸精度可以达到 IT7 ～ IT9 级，包括热压印模具等。

（3）微压铸模具

微压铸模具用于微小金属零件的压铸成形，可成形锌、铝合金等微型压铸件。

（4）微注塑成形模具

微注塑成形模具用于高分子材料的注塑成形，是目前研究与应用最为广泛的一种微型模具。目前在德国以 LIGA 技术为基础制造的微注塑模具已可用来生产质量小于 1mg 或者局部结构化面积只有几平方微米的极微小型注塑制品。

(5) 微型模具的制造

微型模具的制造难点在于微小型腔或微小凸凹结构的加工，而模具其他结构零件的制造与普通模具基本一致。目前用于微型模具型腔制造的相关技术，按其加工方式的不同可分为两种类型：

① LIGA 技术。LIGA 技术被认为是微细加工领域中极有发展前途的一种新技术，其实质就是把用同步辐射 X 光进行光刻腐蚀、电铸成形和注塑三种工艺过程组合在一起的新型微细加工工艺。应用 LIGA 技术可加工出具有高深宽比和高精度的微结构零件，且加工温度较低，使得它在微传感器、微执行器、微光学器件及其他微结构产品零件加工中显示出突出的优势，它不仅可成形纳米级尺度的微小结构，而且还能制造大到毫米级尺寸的微型结构，因此非常适用于微型模具制造。

② 微细特种加工技术。微细特种加工是指不依赖切削而是通过其他能量方式（如电、化学、光、声和热等）去除工件材料的各种新型加工方法的统称。同微细特种加工技术中的 LIGA、光刻等微电子机械系统（MEMS）技术相比，下面介绍的微细特种加工方法具有设备简单、可实施性强和真三维加工能力，同时其所能处理的材料非常广泛，不仅可加工各种性能优良的金属、合金，还可以加工硅等半导体材料、陶瓷等，在难切削材料、复杂型面和低刚度材料的模具型腔加工中，具有不可替代的优势；而且特种加工方法的能量易于控制，有利于微纳米尺度的精密加工与修复。特种加工方法在加工过程中，加工工具和工件之间是非接触式加工，无明显的机械作用力，不产生宏观应力和变形，可以保证较高的加工精度。

A．激光束加工。激光束加工（LBM）是利用光的能量经过透镜聚焦后，在焦点上达到很高的能量密度，利用光热效应来加工各种材料。激光加工速度快、效率高，但由于是一种瞬时、局部熔化和气化的热加工，影响因素较多，存在热熔化和飞溅现象，会降低表面质量，因此应根据加工材料选择合适的激光工艺参数。例如，扫描速率、脉冲宽度、脉冲频率、重叠距离和平均激光能量。激光加工的表面粗糙度可达 Ra 6.3 ～ 12μm，尺寸精度可达 1 ～ 10μm。

B．微细电火花加工技术。微细电火花加工深宽比可以达到 100，但其加工速率低，可以用作为超精加工，得到的抛光表面粗糙度为 Ra 0.04μm。微细电火花加工放电的弹坑必须小，放电距离也要小，一般仅有几微米；工具电极移动的精度必须很高，应达到 1μm。微细电火花技术的材料移除速率和加工表面质量比激光加工略高。与 LIGA、硅微细加工技术相比，微细电火花加工技术可加工任何物理力学性能的导电材料。微细电火花加工技术包括电火花成形加工技术、电火花线切割加工、电火花铣削及线电极电火花磨削。

C．微铸造。2004 年德国卡尔斯鲁厄研究所的 Baumeister 等研发了微熔模精铸工艺，该工艺使用了高强度的特殊热塑性微熔模。针对微熔模工艺存在微铸型型壳制造难度大、不能重复使用等缺点，哈尔滨工业大学李邦盛等开展了基于金属型的、采用分型铸造方式的微精密铸造工艺研究。微铸造成型工艺可成型各种熔点不同的锌、铝、铜、镁、铁、钛合金和高温镍合金，能够低成本、大批量地快速制备高度三维复杂的微米尺度的微机械用微金属构件，有望成为未来微机械制造领域的重要技术之一。

D．微铣削。微铣削加工是一种高效率、高柔性、三维加工能力强、成形精度高、快速和低成本的微小零件机械加工方式，是微细加工研究领域中由硅微工艺跨入非硅工艺、由电加工跨入非电加工以及由二维加工跨入三维加工的一项重要的先进制造技术。微细立铣削可以加工微小型框架、沟槽、薄壁、腔体、柱体、阵列和平面二维图案，由于铣削加工精度比激光加工精度高，铣削加工的高度柔性化以及微小型化技术的应用领域在不断扩大，微铣削技术必将成为微细切削加工领域内的中流砥柱，目前已成为微小模具制造技术研究的热点。

（二）微电子封装技术及发展趋势

1. 微电子封装技术

智能可穿戴设备要求微电子封装要更好、更轻、更薄，封装密度更高，更好的电性能和热性能，更高的可靠性和性能价格比。微电子封装是指利用膜技术及微细加工技术，将芯片及其他要素在框架或基板上布置、粘贴固定及连接，引出连线端子并通过可塑性绝缘介质灌封固定，构成整体立体结构的工艺。在更广的意义上讲，是指将封装体与基板连接固定，装配成完整的系统或电子设备，并确定整个系统综合性能的工程。微电子封装技术特点，包括小型化、适应高发热、高密集度、适应多引脚。

发展微电子封装技术，旨在使系统向小型化、高性能、高可靠性和低成本目标努力，从技术发展观点来看，作为微电子封装的关键技术主要有 TCP、BGA、FCT、CSP、MCM 和三维封装。

2. 微电子封装的发展趋势

21 世纪的微电子封装概念已从传统的面向器件转为面向系统，即在封装的信号传递、支持载体、热传导、芯片保护等传统功能的基础上进一步扩展，利用薄膜、厚膜工艺以及嵌入工艺将系统的信号传输电路及大部分有源、无源元件进行集成，并与芯片的高密度封装和元器件外贴工艺相结合，从而实现对系统的封装集成，达到最高密度的封装。

在近期内，BGA 技术将以其性能和价格的优势以最快增长速度作为封装的主流技术继续向前发展；CSP 技术有着很好的前景，随着其成本的逐步降低将广泛用于快速存储器、逻辑电路和 ASIC 等器件在各类产品中的封装；在今后不断的封装中，FCT 技术将作为一种基本的主流封装技术渗透于各种不同的封装形式中；随着便携式电子设备市场的迅速扩大，适用于高速、高性能的 MCM 发展速度相当惊人；三维封装是发展前景最佳的封装技术，随着其工艺的进一步成熟，它将成为应用最广泛的封装技术。

综上所述，从器件的发展水平看，今后封装技术的发展趋势为：单芯片向多芯片发展；平面型封装向立体封装发展；独立芯片封装向系统集成封装发展。

制造技术相关单位见表 3.3。

表 3.3　制造技术相关单位

单位名称	简　介
中国科学院微电子所	纳米加工与设备新技术研究、宽禁带半导体新器件及集成技术、纳米电子学、分子电子器件及集成新技术；微电子设备技术研究，设备主要包括等离子体浸没注入机、原子层沉积设备、光学检测系统、射频电源等
北京大学微电子学研究院 MEMS 研究中心	硅基 MEMS 关键工艺与标准工艺、集成加工技术、微纳跨尺度加工技术、新材料加工工艺、金属基 MEMS 加工技术、MEMS 封装技术、微结构参数提取和工艺质量监控技术、工艺仿真与设计
北京北方微电子基地设备工艺研究中心有限责任公司	专注于为半导体、太阳能和 LED 显示照明企业提供国际先进水平的刻蚀设备和薄膜设备，致力于为客户提供全面的设备和工艺技术解决方案。主要产品包括半导体制造领域 NMC508B 8in 等离子刻蚀机、NMC612A 12in 等离子刻蚀机，太阳能电池制造领域 ESSIND ™晶硅太阳能平板式 PECVD 和 LED 制造领域 ELEDE ™等离子刻蚀设备

续表

单位名称	简 介
北京新晨设备有限公司	塑料模具加工、注塑件生产、精密注塑加工、注塑模具设计与制造、拥有三轴装配机械手技术、特种注塑件加工技术、xintron 五轴伺服机械手 XT-001、超薄硅橡胶生产技术
北京正通塑料制品厂	注塑车间：可承做加工各种注塑产品；吸塑车间：生产加工各种吸塑包装产品；模具机加工车间：制作各种注塑、吸塑模具，承接各种机器零件加工及各种金属加工制品
沈阳芯源微电子设备有限公司	拥有多项专利技术并形成了系列产品：全自动模块式，紧凑型、轨道式、手动独立式等设备，广泛应用于光刻、制版、擦片、清洗、湿法刻蚀、高端封装和各种薄膜旋涂工艺。主营产品：集成电路制造设备匀胶／显影机即 Coater/Developer
北京凯普林光电科技有限公司	产品线覆盖可见光至近红外波段，功率范围几毫瓦至百瓦，高集成度的半导体激光器件及系统，提供多种可选择的封装形式，可附加半导体制冷器、指示光、光敏探测器、光纤开关等功能，同时还能为用户定制特殊规格的激光器组件或提供 OEM 服务；致力于半导体激光器与光纤耦合封装技术
北京宇极芯光光电技术有限公司	技术和产品：各种色温的常规小功率白光 LED；各种色温的高亮度、低光衰小功率白光 LED；荧光粉应用——各种颜色、过渡色的小功率 LED；各种色温的高显色性小功率、大功率白光 LED 产品；各种色温和光效的大功率白光 LED；各种类型的 LED 应用灯具
北京富发模具制造有限公司	技术设备包括：数控铣床、数控线切割、电火花、车床、磨床、钻床、注塑机、吸塑机、吹塑机等
北京金状元塑业有限公司	模具种类涉及家用电器、电子产品的外壳及配件，医疗器械等领域的注塑件，汽车零配件、石雕，高难度装饰用大型木质雕刻等
北京科友佳生物技术有限公司	具备独立研发中心，研发人体内无毒生物塑料原料、塑料器官体内移植，生产国际标准医用生物塑料产品。专业生产塑胶模具制造，各类塑胶模具注塑加工，各类五金模具制造及五金模具冲压加工，各类机械配件制造，各类成品装配及包装

第四章 智能可穿戴产业技术发展分析及建议

如今，随着一些可穿戴产品的成功推出，如谷歌眼镜和 Fitbit 个人活动追踪器，"可穿戴电子产品"正成为另一个极具发展潜力的市场。事实上，"可穿戴电子产品"涵盖的产品范围非常广，不仅包括已有的健康和娱乐产品，还包括一些尚未被证实的概念，如生物传感器阵列、电子服装，甚至是电子文身。

和其他新兴市场一样，可穿戴电子产品的市场前景也遭受着质疑。开发商和用户不知道哪款产品能"尝到甜头"，哪款产品前景惨败；对于如今一些分类明确的产品，如健康监控器和医疗设备，在将来可能会合并为一类产品。

但是，如今所有的可穿戴电子产品和发展中的可穿戴理念都有一些共同的特点：

（1）可穿戴设备可以和人体直接接触，因此可以辅助监控人体的健康状况。

（2）可穿戴设备可以和主机搭配使用，因为主机可为其提供运行应用软件的平台和较大的显示屏幕。

可穿戴设备对消费者来说非常实用，因为它体积小，可以贴近用户的皮肤，并且它还可与 iOS 或安卓系统兼容。但正是因为具备这些特点，可穿戴设备的电路设计十分困难。很多可穿戴产品的设计理念都把可穿戴设备的功能定义为检测生理数据或者检测和用户十分贴近的环境数据，如用户的心率和血压，或者用户附近的空气质量。

一、智能可穿戴产业技术发展瓶颈

（一）产业问题

尽管智能可穿戴技术及设备领域被炒得火热，可仔细研究，会发现该领域仍处在发展的初级阶段，相应的产业链、商业模式等都没有成型。目前，智能可穿戴设备产业存在以下四个方面的瓶颈问题。

1. 多为智能手机"配件"，独立性不强

大部分智能可穿戴设备，大多是作为智能手机的辅助工具。要么是对智能手机功能的拓展，要么仅仅是对其功能的平移，或是作为其他智能终端的辅助外设，将会失去独立存在的必要性。

2. 功能还不完善，专属应用较少，费用昂贵

缺少专属的可穿戴应用将是该行业发展的巨大潜在危险。不同手机中的应用最能显示出它们各自的特点。对于智能可穿戴设备来说，开发多种多样的应用是提高渗透率的良方。单一的资源输入，永远都不能换来设备的智能和实用。设备制造商们需要来自第三方开发者的创意，因为来自第三方的应用往往更能完善设备的功能。目前看来，已经发布的智能可穿戴设备中，谷歌眼镜绝对是其中超一流的产品（还未正式上市），但是 2014 年 4 月 15 日的试预售也只持续一天，这

说明 Google　Glass 产品存在很大不足，依然不够成熟（图 4.1），而且 1500 美元的价格过高。随着技术的进步，智能可穿戴设备的价格将会下降。

图 4.1　谷歌眼镜

3．市场不成熟，产业链脱节严重

在这个尚待成熟的领域，产业链脱节是普遍现象。现在智能可穿戴设备公司遇到的最大问题在于，由于销量不大，导致上游零部件厂商不愿向公司提供零部件，即使提供，价格也偏高。产品生产出来以后与下游渠道商洽谈合作时，常受冷遇，比较被动。因为产业链的不成熟，产品开发商也难以找到能满足其需求的解决方案，或者需求与上游厂商提供的解决方案的不匹配，往往使得项目夭折。产品商用上遭遇困境，必然影响技术的进一步发展。

4．缺少相关标准和规范

在智能可穿戴设备市场推广中，产品也遭遇了技术标准问题。可穿戴产品所处领域相对前沿，目前国内还未出台国家级技术检测标准。但在销售中，鉴于安全和环保要求，国家对电子信息产品中的有毒有害物质的限制与禁止采用了"目录管理"模式，进入目录的产品会被要求进行 3C 认证。而智能可穿戴设备行业基本未被划入目录中，但在多数渠道推广中，产品仍会被要求配备 3C 认证。而目前的可穿戴产品拿去检测时，却经常因技术标准问题缺乏而无法检测。

（二）技术问题

技术方面总体来说存在以下问题：智能可穿戴设备处理器的低功耗问题等的解决方案还不完备；新型传感器研制，存在信息采集、传输等问题；显示屏幕如柔性屏幕等如何创新、突破和降低成本；电池如何在智能可穿戴设备上有更好的能源解决方案；操作系统方案何时成熟；外围材料和设备内部结构制造问题；可穿戴装备的制造、使用、信息交换等的标准和规范问题。

1. 传感器是限制当前智能可穿戴设备产业的关键因素

可穿戴产品在运行的过程中，硬件方面主要受制于传感器，所以传感器的优劣直接决定了产品功能实现程度的大小。在大型仪器设备上能够实现的功能，转换为小型化的可穿戴设备，对传感器的要求更高。显然从理论上来说，传感器在体表或皮肤附近的安放位置以及和移动计算设备的连接会给用户提供非常实用和有趣的功能。上述所有案例的基础技术也已经存在。如今，实验室已经可以测量心率、血氧含量和空气质量等参数，或者通过 LED 和光传感器实现接近检测。那么，如何在真实的环境下使这些功能得到有效发挥呢？这是当前面临的主要挑战。主要的困难有如下三大类。

（1）环境

可穿戴设备主要是供人们"穿""戴"的，也就是说，他们将会附着或靠近人体皮肤，因此，难免会发热或沾染灰尘，被汗渍或油渍弄脏。因此，设备的功能难免会受到影响，原因是用户可能过度振动该设备，如将其浸入水中，或者在具有严重电磁噪声的环境下使用。

（2）能耗

为了满足用户"穿""戴"的要求，可穿戴设备必须体积足够小，重量足够轻。因此，可穿戴设备内部供安装电池的空间非常小。如果需频繁地对电池进行充电或更换电池，无疑会使用户对设备的价值和功能倍加质疑。因此，整个电路在设备运行时应消耗尽可能少的电量，在非运行状态时开启省电模式。

（3）质量

第一代健康监控器的参数检测（如心率检测和运动检测）数据结果并非十分精确，因此，用户可能并不会因为这些设备的新奇功能而对它们十分满意。

若想更好地使用这些可穿戴生理传感器，我们必须保证设备的准确性和可靠性。例如，可穿戴心率或血氧传感器在未来可能会当做医疗设备来使用，并且需要接受食品药物管理局等相关部门的严格审核。在具有大量干扰的环境中保证高精确性和可靠性对于传感器制造商来说是极具挑战的工作。

将传感器输出转变为有意义的应用是当前亟待解决的问题。可穿戴传感设备生产的挑战在于在实验室中验证过的技术需在又小又热、又脏又有很多电子噪声的实际应用环境中实现。这就考验了模拟集成电路制造商的能力，并对他们提出了要求：更高的集成度和小型化、更低的能耗、更高的灵敏度、更多的应用专业知识。

例如，手势感应是可穿戴设备即将需要的一种常见功能，因为它无需在产品表面安装按钮。一个手势控制电路可能包含两个或两个以上的红外发光二极管和一个红外光敏二极管。当用户的手经过发光二极管上方，通过分析反射到光电二极管的红外线就能识别手势。

可穿戴手势传感器在实际环境中的应用具有挑战性，原因是红外光线传感器受制于大量噪声。通常可穿戴设备会暴露于环境光下，这些光可能包含红外线亮度。此外，设备表面上的传感器窗口可能会因为用户的汗液和油脂、灰尘、污垢等污染物而变得模糊不清。为了明确区分环境光中的红外线和发光二极管反射的红外线，光电传感器必须非常敏感，这需要先进的模拟半导体技术。

同时，可穿戴设备具有小而轻的特点。高度集成半导体设计有助于实现小型化要求，以适应可穿戴式设备所需的规格。光电二极管、模拟前端和处理器核心可能合为一体，在单一芯片上实现完整的手势控制系统。

换句话说，在可穿戴设备上实现手势控制系统不能简单地在设备的小型电路板上安装红外发光二极管和红外光电二极管，而需要硬件和应用软件的结合。系统中的元素是相互影响的，例如，光电二极管的灵敏度影响 LED 的规格，同时影响解读原始测量数据的软件的运行。系统的质量，也就是快速、可靠识别手势的能力，依赖于应用软件，也同样取决于传感器硬件。

可穿戴设备制造商也越来越倾向于特定的传感器系统而不是传感器组件，要想在市场赢得竞争，模拟芯片制造商必须提供成熟的应用算法和应用软件来支持传感器硬件。

其他便携式应用也是如此。举例来说，在脉搏血氧仪的应用中，当它压住用户的血管后，可以通过感应 LED 光来测量血氧水平。在这里同样需用软件解读原始测量数据，并将其转化为精确的血氧测量，即便传感器被油脂、灰尘或汗水污染，或是周围有环境光，最终结果也不会受到影响。

2. 电池可穿戴设备产业发展的最大软肋

可穿戴设备的崛起，有可能推翻苹果和谷歌在移动设备市场的主导地位。然而，要全面推进可穿戴设备的发展，必须要借助能够长时间续航的电池。对于可穿戴设备来说，更长续航时间的电池至关重要。

从监控物理活动和睡眠情况的腕带，到内置芯片的服装和能连接互联网的眼镜，可穿戴设备或许将开启科技行业的又一次转型。这场变革也将看似毫无魅力可言的电池推上了舞台的中央。"所有的可穿戴设备都受到电池技术的制约，这不是计算能力的问题"，美国运动外设厂商 Jawbone 首席执行官侯赛因·拉赫曼 (Hosain Rahman) 在路透全球科技峰会上说。虽然电池技术近年来的发展相对缓慢，但一些可穿戴技术领域的先锋人物却期待着能在未来几年实现突破。3D 智能研究制造商 Atheer Labs 首席执行官索莱曼·伊塔尼 (Soulaiman Itani) 认为，可穿戴计算目前所处的阶段，与 21 世纪初期的智能手机革命的发展初期相似。"当时是 Palm 的舞台，你需要等待 iPhone 诞生。"先于 iPhone 诞生的 Palm Pilots 手机，当年获得了不俗的评价，但在 iPhone 2007 年发布后，该产品就变得十分落伍。根据美国市场研究公司 Forrester Research 的调查，大约 5% 的美国成年网民拥有可以监控运动或睡眠状态的可穿戴设备。在被问及最渴望的产品时，29% 的受访者喜欢能夹在衣服上的产品，戴在手腕上的设备以 28% 的比例紧随其后，喜欢智能眼镜的受访者仅为 12%。谷歌、苹果公司和三星电子都积极进军可穿戴设备市场。谷歌和苹果公司拥有当今最热门的两大智能手机操作系统，因此完全有可能借助庞大的用户群和数十万的应用软件推动可穿戴市场的发展，并对其加以控制。

图 4.2　智能可穿戴产业尚需在电池技术上取得突破

硬件初创企业 Jawbone 首席执行官侯赛因·拉赫曼认为，"计算不是问题，所有可穿戴设备都受到电池技术的限制。"尽管电池技术没有像显示屏等技术一样飞速发展，但一些可穿戴领先企业仍寄望未来几年电池技术取得大突破。Atheer Labs 首席执行官索莱曼·伊塔尼认为，"未来 5 年，还会有其他方面的突破，比如远程充电，它会出现下一个大跃进，以打破对电池的依赖。但目前来说电池才是最大挑战，它要足够小，还要够用"（图 4.2）。

3. 可穿戴操作系统的不完善限制用户体验满意度

体验不好的可穿戴设备，当然不是好的可穿戴设备。如何提高可穿戴设备的用户体验？这是当前致力于可穿戴设备的从业者都在思考的问题。

分析各种穿戴设备我们不难发现，它们其实缺少一个能将各种穿戴设备连接在一起的工具，那就是"可穿戴操作系统"。可穿戴设备需要"自己的操作系统"，不是安卓，也不是 iOS。

安卓和 iOS 操作系统曾经改变了我们的手机使用方式，让我们摆脱了只能通话的功能手机，进入了智能手机时代。但在可穿戴时代，以它们为基础的可穿戴设备无法给到人们更好的用户体验。

可穿戴时代，硬件"呼唤"具有可穿戴设备特点的"可穿戴操作系统"，而不是当前的手机操作系统。因为只有符合可穿戴设备的特点，满足用户需求的操作系统，才能真正让可穿戴设备变得更强大，更符合用户需求。

"可穿戴操作系统"需要具备什么特点呢？"可穿戴操作系统"具备自动化、智能化、可互联、可扩展等特点，它是能够让用户摆脱硬件束缚的操作系统，它可能是语音控制的，可能是体感控制的，甚至有可能是意念控制的。它是比 iOS 和安卓更加先进的新一代智能操作系统。这样的"可穿戴操作系统"才是人们期待的。当下的可穿戴设备，引起大众兴趣的只有两个，一个是谷歌眼镜，因为它够"科幻"；另外一个就是 MYO 腕带，因为它够炫酷。

人们渴望的可穿戴设备：一类是具有科幻色彩的，能够强大自己的可穿戴设备。如电影《钢铁侠》中小罗伯特·唐尼所扮演的托尼·斯塔克那一身绚丽的钢铁盔甲，一个小小的手提箱，通过红外感应手环可让钢甲随时覆盖自己的身体，瞬间变身钢铁超人。电影《绿魔》中诺曼·奥斯本制造的肌肉强化盔甲，主角使用它之后变身超人，手指可以发射激光、麻醉气体，使用的带旋转刀片的特制手榴弹，配合飞行滑板使用，还可以遥控飞行滑板。电影《阿凡达》中使用的机械外骨骼机甲，使用它之后，人类可以在恶劣的环境中与敌人对战。还有电影《环太平洋》中的 Jaeger（猎人）机甲，质量接近 2000t，足有 25 层楼高。第二类是当下人们就能够体验到的，能部分提升人们能力的设备，如谷歌眼镜，虽然它尚未完全摆脱传统，但起码做到了对人类需求的响应，例如摆脱对身体的束缚（未完全摆脱），例如对用户指令的接收和处理（眨眼拍照和语音控制），还有 Oculus　Rift 头盔，在带上它之后，使用者将看到的是另一个虚拟的世界，并且通过双眼视差，使用者会有很强的立体感。此外，由于 Rift 眼镜当中配有陀螺仪、加速计等惯性传感器，可以实时地感知使用者头部的位置，并对应调整显示画面的视角。这样一来用户就仿佛完全融入了这个虚拟世界当中，还有 MYO 腕带，它通过检测用户运动时胳膊上肌肉产生的生物电变化，配合手臂的物理动作监控来做人机交互。MYO 的基本原理是，臂带上的感应器可以捕捉到用户手臂肌肉运动时产生的生物电变化，从而判断佩戴者的意图，再将电脑处理的结果通过蓝牙发送至受控设备。

综合一下用户目前对可穿戴设备的期待，我们发现，其实用户对现阶段可穿戴设备的期待介于以上两者之间，即希望现有可穿戴设备既要有科技感，够科幻够拉风，又要够实用够"炫酷"。

什么样的操作系统能具备这样的特性呢？业界认为，体感＋语音或许能孕育出这样的操作系统。体感技术对传统操作方式的改变在于——使用人体动作取代传统的鼠标或触屏操作方式来管理电脑和其他设备。体感技术不仅使完成很多现有的日常琐事变得更加便捷，而且还能够在无需触碰的情况下处理诸如创建 3D 模型、查看衣着是否搭配、训练运动员以及在手术过程中浏览医疗图像等任务。语音技术，以苹果 siri 和 google now 为例，设备通过语音输入接收用户的指令，并按用户指令完成用户请求。体感和语音，两者都使用户摆脱了对设备的束缚，并具有很好智能化、可互联、可扩展特性。

体感＋语音，或将孕育出能够满足可穿戴设备需求的、够科幻、够酷的、无需触碰即可处理事务的新一代操作系统——可穿戴操作系统。

未来 Windows PC 和移动操作系统将会一体化，可穿戴设备或是微软公司下阶段一个发展重点（图 4.3）。

图 4.3　微软公司进军可穿戴设备市场

2014 年 3 月 18 日，谷歌公司发布了面向可穿戴终端的基本操作系统 (OS) "Android Wear"。韩国 LG 电子和美国摩托罗拉移动等多家终端厂商将在春季之后陆续发售搭载该 OS 的智能手表。预计围绕后智能手机时代的潜力市场，竞争将日趋激化。

谷歌对面向智能手机和平板终端的 OS "Android（安卓）"进行了改良，推出了面向可穿戴终端的 "Android Wear"。将免费向终端厂商等提供 "Android Wear"。除了 LG 电子和摩托罗拉外，中国台湾的 HTC 和华硕、韩国三星电子、美国英特尔以及美国高通等也加入到智能手表的开发行列（图 4.4）。

图 4.4　各大知名厂商均发力可穿戴产品市场

图 4.4 各大知名厂商均发力可穿戴产品市场（续）

各终端厂商的智能手表可与搭载安卓 OS 的智能手机无线连接，用户可通过音声发出指示操控智能手表。谷歌在公布的视频中介绍了智能手表与谷歌地图服务联动指路以及通知下一个计划、天气以及周边信息等功能。

（三）安全问题

可穿戴设备作为一种新型的智能设备，为未来发展带来了无限可能，也带来了许多新问题。例如，Google 连续发了两条禁令，一条是禁止脸部识别应用，一条是禁止色情应用。由此可见，Google 是非常关注 Glass 滥用的可能性的。不过，如果谷歌眼镜真的普及开来，对其控制就没有那么容易了。对于谷歌眼镜的一大担忧是隐私问题，原因是它可以随时拍照。不过在安全专家看来，这只是谷歌眼镜安全问题的一个方面罢了。

例如，最早的可穿戴计算机出现于 1960 年，由数学家 Edward O. Thorp 和 Claude Shannon 共同制造，它有烟盒大小。Edward O. Thorp 是个赌场高手，并且进入了 Blackjack 名人堂。在美国洛杉矶赌场，他们首次使用了可穿戴计算机来玩轮盘赌。这个设备能够预测滚球的落点，使得赢钱的概率增加 44%。

当然，对于未来的可穿戴设备来说，企业需要增强安全意识，"确保每个人都了解，如果你看到类似的设备，将其当做可疑行为进行报告，阻止这种行为。你有监控摄像头来探测它，或许有软件来确认佩戴它的人。"

从目前的情况来看，人们对移动设备上的安全问题普遍缺乏重视。Lookout 与北美、欧洲的一些运营商合作，在手机中预装安全软件，不过，更多的手机是缺乏安全软件支持的，而且用户安全意识淡薄。对于可穿戴设备，情况也是一样。虽然谷歌眼镜这样的可穿戴设备尚未普及，但我们应该认识到，它们的时代迟早会到来，其安全问题不可忽视。

系统开放是智能可穿戴设备出现安全隐患的根本原因。智能可穿戴设备设计和应用的目的就是设计美观、使用灵活和用途多样，对设备本身的安全性关注不高，导致诸多潜在安全风险。智能可穿戴设备主要面临的安全风险来自于两个方面，即内部漏洞和外部攻击。

1. 内部漏洞

智能可穿戴设备性能偏低，很难实施有效安全措施。同时，智能可穿戴设备往往采用无线连接方式和开放操作系统，不可避免地面临诸多安全威胁。

（1）开放系统

为了提高系统灵活性和方便系统升级，智能可穿戴设备往往采用开放操作系统，导致智能可穿戴设备很容易被非法入侵。同时，在与计算机连接过程中，也容易被导入恶意代码。

（2）自身漏洞

智能可穿戴设备总体特点是种类众多、形态灵活和系统开放，不可避免地存在诸多软件和硬件缺陷。部分缺陷可以很快被发现，但是更多安全缺陷很难发现，即便发现，也很难修正。这些系统缺陷很可能被用于安全入侵。

（3）无线连接

智能可穿戴设备往往采用包括无线局域网、蓝牙等近距离无线通信方式，特别在使用过程中可穿戴外设只能采用无线连接与外部主机相连。相对有线通信，在无线环境中，信息数据和信令协议更容易被捕获和干扰。如果没有充分的安全机制，信息数据很容易泄露给他人。

2. 外部攻击

智能可穿戴设备往往贴身穿戴，并用于访问、处理、传输和存储用户信息（包括用户健康数据、金融数据、身份数据和位置信息等），吸引更多攻击者攻击并获取个人隐私数据。常用攻击方式包括物理控制、无线攻击和恶意代码等。

（1）物理控制

基于固有便携性和可移动性特点，智能可穿戴设备存在很大的丢失、被盗或借用风险。在此过程中，隐私数据很容易被第三方窃取。同样，旧设备的处置也可能导致类似隐私泄露风险。

（2）无线攻击

由于无线通信的开放性特点，攻击者很容易发起无线攻击，包括数据窃取和数据篡改两个方面。同时，射频干扰也是一种针对智能可穿戴设备的攻击方式。射频干扰主要是采用电磁干扰导致系统工作异常。

（3）恶意代码

恶意代码抓住智能可穿戴设备的安全漏洞进行攻击，或者诱骗用户执行相应病毒程序。智能可穿戴设备恶意代码具有几个主要特性：传播性，通过各种方式向更多的设备进行感染；传染性，能够通过复制来感染正常文件，破坏文件的正常运行；破坏性，轻者降低系统性能，重者破坏丢失数据和文件导致系统崩溃，更严重的甚至可以损坏硬件，对于监控病毒，则进行个人信息的偷盗。

除了以上智能可穿戴设备本身受到的安全威胁以外，智能可穿戴设备同时可以用于窃取他人数据。如前所述，智能可穿戴设备可以无缝地存在于工作和生活环境，在人们无法发现的情况下，获取敏感区域信息，扩大使用者的犯罪可能。例如，智能眼镜可能被用于间谍活动或者色情活动；可穿戴智能探测设备可用于探测监控设备，从而使使用者可以进入严密防范区域而不被发现。随着智能可穿戴设备的广泛使用，社会安全问题也会日益显现。

（四）应对措施

智能可穿戴设备需要系统地实施信息安全保护，通过提高自身安全和外部安全防护来提高其安全性。

1. 提高自身安全

（1）最小化权限

一方面，关闭智能可穿戴设备当前不使用的无线接口，最好不要随意接入网络；如果开启，则需要启动认证机制。另一方面，尽量让智能可穿戴设备应用程序接口得到有效的权限赋予限制，明确相关接口赋予的允许或拒绝操作的权限。

（2）用户可知、可控

智能可穿戴设备通过给用户相关提示和让用户确认的方式来防范安全威胁，即做到可知、可控。可知，就是通过各种形式的用户提醒，告知用户应用将要进行的行为以及可能造成的后果；可控，就是用户有自主选择权，可选择是否允许该行为。

（3）加密认证

通过加密措施对通信信道和存储内容进行机密性保护，确保智能可穿戴设备丢失或者被借用时敏感内容不被第三者获知，同时通过认证机制抵制非法接入。

2. 外部安全防护

（1）防病毒工具

通过防病毒工具发现和处置智能可穿戴设备恶意代码，避免恶意接入和破坏。

（2）物理安全

智能可穿戴设备在物理上始终为用户管理是非常重要的。对待智能可穿戴设备要像对待信用卡那样时刻为用户做到完全可控。如果智能可穿戴设备借给其他人，势必存在安全危险，同时安全策略可能被更改，导致安全事件发生而用户却一无所知。

（3）定期备份数据

对于智能可穿戴设备存储的机密和重要数据，可以通过计算机软件协助等方式定期备份。

（4）敏感数据保护

保护用户私密数据安全、可靠地存储而不被非法获取，提供数据彻底删除功能以保证被删除的用户数据不可再恢复出来，同时提供用户数据的远程保护功能，以便用户在手机遗失或其他情况下用户数据不被泄露。

二、智能可穿戴产业发展建议

智能可穿戴产业，是利用智能可穿戴设备技术开发出的可以穿戴的，能够提供持续交互能力的移动智能终端并提供数据服务的新兴产业，是消费电子产业下一步发展方向，是渗透性强、辐射带动面广、发展潜力大、技术与附加价值高、创新活跃的战略性、基础性、先导性产业，对鼓励创业、吸纳就业、调优结构等具有积极促进作用。为进一步推进我国智能可穿戴设备产业发展，现提出如下建议。

1. 明确发展目标

积极把握全球智能可穿戴设备产业的总体发展趋势，以智能可穿戴设备硬件平台为核心，软件平台为辅助，基于智能可穿戴设备大数据处理服务为突破口，着力引进领军企业和新兴潜力企业，全面优化政策环境、产业园区载体环境和生态链互动环境，凝聚各类产业资源，强化自主创新和应用创新，推动智能可穿戴设备产业向特色化、集群化、高端化方向发展。建成一批智能可穿戴设备产业集聚载体，培育一批智能可穿戴设备产业骨干龙头企业，营造智能可穿戴设备产业创新发展的良好环境，建成国际领先的智能可穿戴设备产业集群。

2. 突出发展重点

立足我国智能可穿戴设备产业发展现状，聚焦北京优势特色领域，重点发展创新最活跃、吸纳就业能力最强、直接面向经济和社会发展需要的运动健康监测、休闲娱乐、生态城市、生活服务、信息资讯等智能可穿戴设备产业相关硬件研发设计，软件应用开发及服务。

3. 促进产业集聚

结合我国对发展智能可穿戴产业的规划，在北京、上海、深圳等智能可穿戴设备发展活跃的地区开展国家级智能可穿戴设备产业集聚区认定，支持有条件的地区建设智能可穿戴设备产业集聚区，吸引国内外智能可穿戴设备企业和相关配套企业入驻。支持集聚区建设和完善公共服务平台，为智能可穿戴设备企业及人才提供全方位的服务。对通过认定的集聚区，在重大智能可穿戴设备项目建设、相关重大基础设施和配套设施建设方面，给予用地优先保障和适当的资金扶持。鼓励企业和机构建设智能可穿戴设备终端硬件测试、应用测试、云服务、行业公共技术服务等平台。

4. 培育龙头骨干企业

围绕发展重点在每个领域内认定一批龙头企业，实施动态滚动支持，对规模较大、带动作用较强且增长较快的骨干企业给予适当奖励。鼓励智能可穿戴设备领域中国籍领军人物回国设立高技术公司，并对成绩突出的给予一次性奖励。

5．鼓励创新企业

鼓励设立研发机构，对获得国家（含国家地方联合）和省级新认定的工程（技术）研究中心、工程（重点）实验室、企业技术中心等平台，给予项目补助资金。鼓励知识产权转化应用，对取得发明专利的研发成果，并以技术入股、技术转让、授权使用等形式转化的，按技术合同成交额对专利发明者给予适当奖励，定期举办智能可穿戴设备设计创新大赛。加快推进智能可穿戴设备的云计算和大数据应用，重点突破数据挖掘、海量数据处理、计费、访问控制等平台关键核心技术，积极培育孵化一批创新创业企业。

6．强化资金保障

对于符合上市融资条件的企业，有关部门要积极支持并指导其上市。对在股份转让报价系统成功挂牌的企业和完成上市的企业，分阶段给予奖励。鼓励天使投资、VC（风险投资）、PE（私募基金）等投资机构投资国内智能可穿戴产业，投资额达一定规模的，给予适当奖励。支持地方政府（集聚区）设立专项担保基金，为有技术、有市场、有信用的智能可穿戴相关企业提供融资担保服务。整合政府相关专项资金，加强财政资金的投入，重点支持企业发展、重大技术攻关、重点企业引进、集聚区建设、创新平台和公共服务平台建设、创业投资等。

7．积极引进和培养人才

智能可穿戴设备企业所在园区要积极为企业提供人才引进、培训、认证等"一站式服务"。大力引进海外高层次、高技能人才和创新团队。建立智能可穿戴产业人才培训基地，鼓励高等院校和职业院校为企业定向培养专业人才。鼓励知名高校和培训机构开展培训、实训等相关人才服务工作。

8．支持企业开拓市场

通过国家及地方政府和企业信息化项目建设，带动智能可穿戴产业发展。对具有自主知识产权的重要产品和服务实施政府首购和订购制度。扩大对智能可穿戴产品和应用服务的政府采购范围。鼓励、引导企业在信息化建设中，大数据处理、云服务企业合作开发，对其合作开发的信息化项目优先给予支持。推动智能可穿戴产品进入生活、家庭和社区，进一步开拓智能可穿戴市场。支持企业开拓市场。

9．优化开发环境

建立健全智能可穿戴产品 3C 认证标准，严格执行国家消费电子产品管理的相关法律法规，加强网络安全监管。加强知识产权保护，建立异地执法协调机制。探索对新兴业态和服务的"温和监管"和"预警式监管"模式，为企业营造宽松的发展环境。

10．加强组织协调

建立北京市智能可穿戴设备产业发展联盟，指定专门机构负责政策的推介、落实工作，推行"一站式"窗口对外服务，严格实行一次性告知和首问责任制度等。经认定的集聚区及所在地政府，要制订相应的鼓励智能可穿戴产业发展的政策和措施，加强对产业发展的组织领导。

主要参考文献

奥利弗格劳. 2007. 虚拟艺术 [M]. 重庆：重庆出版社.

白基成, 郭永丰, 刘晋春. 2006. 特种加工技术 [M]. 哈尔滨：哈尔滨工业大学出版社.

包杰, 李亮, 何宁, 等. 2009. 国外微细铣削研究综述 [J]. 机械科学与技术, 28 (8)：1018-1022.

陈伦军, 李刚, 赵万生. 2006. 微细特种加工的最新研究进展 [J]. 电加工与模具, (3)：24-28.

陈寿菊, 黄云峰. 2007. 多媒体艺术与设计 [M]. 重庆：重庆出版社.

董士海. 2004. 人机交互的进展及面临的挑战 [J]. 计算机辅助设计与图形学学报, 16 (1)：1-13.

郭劲松, 邓亲恺. 2006. 可穿戴式心电、呼吸传感器与检测系统的研制 [J]. 中国医疗器械杂志, 30 (5)：341-344.

韩露, 桑亚楼. 2008. NFC 技术及其应用 [J]. 移动通信, 32 (6)：25-28.

何卫华. 2012. 人体行为识别关键技术研究 [D]. 重庆：重庆大学.

黄磊, 林祖伦, 董戴, 等. 2005. 新型彩色 LCOS 头盔微显示器光学系统 [J]. 电子器件, 28 (3)：482-485.

黄佑香, 张庆茂, 廖健宏, 等. 2008. 飞秒激光微加工技术的评述与展望 [J]. 金属热处理, 33 (6)：8-13.

黄志刚, 柯映林, 王立涛. 2003. 金属切削加工有限元模拟的相关技术研究 [J]. 中国机械工程, (10)：846-849.

雷超, 戴国忠. 2001. 三维交互体系结构的研究与实现 [J]. 计算机研究与发展, 38 (5)：557-562.

李邦盛, 任明星, 傅恒志. 2007. 微精密铸造工艺研究进展 [J]. 铸造, 56 (7)：673-678.

李婧, 刘知贵, 彭桂力, 等. 2008. 心电检测技术及其在远程医疗中的应用 [J]. 传感器与微系统, 27 (1)：1-8.

李善青. 2010. 基于穿戴视觉的人机交互技术 [D]. 北京：北京理工大学.

李世国. 2008. 体验与挑战—产品交互设计 [M]. 南京：江苏美术出版社.

李迎. 2008. 微铣削加工技术研究现状及发展趋势 [J]. 电子机械工程，24（6）：26-32.

李志永，季画. 2006. 电解加工在微细制造技术中的应用研究 [J]. 机械设计与制造，（6）：77-79.

柳阳. 2006. 基于穿戴视觉的手势交互方法研究 [D]. 北京：北京理工大学.

吕晓东，范军，刘威，等. 2004. 一体化动态生理参数检测记录方法及装置 [P]. 中国专利：CN1507833.

马卫娟，方志刚. 1999. 人机交互风格极其发展趋势 [J]. 航空计算技术，29（3）：16-20.

尼葛洛庞蒂. 1997. 数字化生存 [M]. 海口：海南出版社.

田双太. 2011. 一种可穿戴机器人的多传感器感知系统研究 [D]. 合肥：中国科学技术大学.

王国田. 2006. 微尺度构件微铸造成型工艺及组织性能研究 [D]. 哈尔滨：哈尔滨工业大学.

王绍宗，单忠德，吴双峰，等. 2010. 微细切削技术及微型机床的发展 [J]. 现代制造工程，（2）：142-146.

王涌天，刘越，常军，等. 2005. 用于现场数字三维重建的增强现实定点观察系统 10105577 X[P].

王振龙，赵万生，迟关心，等. 2000. 微三维结构型腔的微细电火花加工 [J]. 微细加工技术，（1）：71-74.

王振龙. 2005. 微细加工技术 [M]. 北京：国防工业出版社.

晓晨. NFC 技术在全球支付领域内的试运行 [J]. 2009. 中国电子商情（RFID 技术与应用），6:5.

徐江. 2010. 基于实时脑机接口的无线遥控车系统 [D]. 重庆：重庆大学.

薛茂权，叶志平. 2008. 微细机械加工技术 [J]. 精密制造与自动化，（2）：22-24.

闫庆广，吴宝明，卓豫，等. 2006. 穿戴式单兵生命监测系统研究的进展 [J]. 中国医疗器械杂志，30（5）：345-348.

杨志甫，房建国，张霖，等. 2008. 基于微型铣床的非硅材料中间尺度微细铣削加工技术研究 [J]. 航空精密制造技术，44（1）：8-11.

叶晓丽. 2009. 基于 NFC 技术的移动支付系统的硬件设计研究 [D]. 苏州：苏州大学，1：3.

余成钢. 2011. 基于 Android 平台的 NFC 技术的设计与实现 [D]. 上海：复旦大学.

袁保宗，阮秋琦，王延江，等. 2003. 新一代人机交互的概念框架特征及关键技术 [J]. 电子学报.

袁哲俊，刘华明. 2008. 金属切削刀具设计手册 [M]. 北京：机械工业出版社.

岳蜀华，王美涵，郭飞，等. 2006. 可穿戴式无线心电监测仪的研究现状 [J]. 生物医学工程与临床，10（4）：262-266.

张东石，陈烽，刘贺炜，等. 2009. 基于 BMP 图像边缘跟踪的飞秒激光微加工技术研究 [J]. 科学通报，54（17）.

张佳帆. 2009. 基于柔性外骨骼人机智能系统基础理论及应用技术研究 [D]. 杭州：浙江大学.

张静. 2006. 基于计算机视觉的虚拟手交互技术研究 [D]. 合肥：合肥工业大学.

张萍. 2002. 柴火"重现"圆明园 [J]. 中国国家地理，11：43-69.

张政波. 2006. 可穿戴式呼吸感应体积描记设计及其应用研究 [D]. 天津：军事医学科学院卫生装备研究所.

赵万生. 2003. 先进电火花加工技术 [M]. 北京：国防工业出版社.

赵岩. 2008. 微细铣削工艺基础与实验研究 [D]. 哈尔滨：哈尔滨工业大学.

周苏. 2007. 人机界面设计 [M]. 北京：科学出版社.

周雅，闫达远. 2003. 增强现实系统显示技长探讨 [J]. 计算机工程与应用，15：35-38.

朱杰. 圆明园 [M]. 2000. 北京：外文出版社.

Menges G, Michaeli W. 2003. 注塑模具制造工程 [M]. 北京：化学工业出版社.

Andrei, et al. 2010. Provisioning of deadline-driven requests with flexible transmission rates in WDM mesh networks [J]. IEEE/ACM Transactions on Networking, 18(2):353-366.

Anliker U, Ward J A, Lukowicz P, et al. 2004. Amon: A wearable multiparameter medical monitoring and alert system [J]. IEEE Trans InformTechnol Biomed, 8 (4): 415-427.

Baumeister G, Ruprecht R, Hausselt J. 2004. Microcasting of parts made of metal alloys[J]. Microsystem Technologies, (10):261-264.

Bradley P. 2006. An ultra low power, high performance medical implant communication system（MICS）transceiver for implantable devices [A]. Proceedings of BioCAS.06 [C]. London: IEEE，158-161.

Bui V, Zhu W P. 2008. A game theoretic framework for multipath optimal data transfer in multiuser overlay networks [C]. IEEE International Conference on Communications, ICC, 401-407.

Castle R. 2009. Simultaneous Recognition, Localization and Mapping for Wearable Visual Robots [D]. PhD Dissertation, Oxford.

Ceretti M E, Lucchi T, 1999. FEM Simulation of orthogonal cutting serrated chip formation[J]. Journal of Materials Processing Technology, 95(1-3)．

Chen T Z, Huang J W, Dai, H U. 2005. The dynamic Power management for embeddedsystem with Poisson Process [J]. Joumal of Zhejiang University Science A, 6(21):15-20.

C-leg microprocessor prosthetic knee [OL]. http://www.ottobockknees.com/.

Cook B W, Berny A, Molnar A, et al. 2006. Low-power 2. 4-GHz transceiver with passive RXfron-t end and 400-mVsupply[J]. IEEE JSSC, 41(12): 2757-2766.

Davison A J, Mayol W W, Murray D W. 2003. Real-time localisation and mapping with wearable active vision [C]. IEEE International Symposium on Mixed and Augmented Reality (ISMAR), Tokyo, Japan.

Fensli R，Gunnarson E，Hejlesen O. 2004. A wireless ECG system for continuous event recording and communication to a clinical alarm station [A]. Proceedings of IEEE EngMed Biol Soc [C]. San Francisco，CA: IEEE: 2208-2211.

Fleischer J, Kotschenreuther J. 2007. The manufacturing of micro molds by conventional and energy-assisted processes [J]. The International Journal of Advanced Manufacturing Technology, 33(1-2): 75-85.

Golab W, Boutaba R. 2007. Admission control in data transfers over lightpaths, IEEE Journal on Selected Areas in Communications [J]. Part Supplement, 25(6):102-110.

Hamette P, Lukowicz P, Tröster G, et al. 2002. Fingermouse: A wearable hand tracking system [C]. The 4th International Conference on Ubiquitous Computing: 15-16.

He E, Leigh J, Yu O, et al. 2002. Reliable blast UDP: Predictable high performance bulk data transfer [C], Proc. IEEE Cluster Computing, Chicago, Illinois.

Heidemann G, Bax I, Bekel H. 2004. Multimodal interaction in an augmented reality scenario

[C]. International Conference on Multimodal interfaces (ICMI), New York: 53-60.

Hoang T N. 2009. Augmented reality 3D interactions for wearable computers [C]. International Workshop on Ubiquitous Virtual Reality: 27-31.

ISO/IEC.14443. 1999. Identification cards-Contactless integrated circuit cards-Proximity cards[S].

ISO/IEC.7810. 2003. Identification cards-Physical characteristics 3rd edition.

Jia W, Kong N, Li F, et al. 2005. An epileptic seizure prediction algorithm based on second-order complexity measure[J]. Physiological measurement, 26 (5): 609-625.

Kandemir M, Vijaykrishnan N, Irwin M J. 2002. Compiler optimizations for low Power systems, [A]. Power Aware Computing [C].USA: Kuwer Academic Publishers: 191-210.

Knowles M R H, Rutterford G, Karnakis D, et al. 2007. Micro-machining of metals, ceramics and polymers using nanosecond lasers [J]. The International Journal of Advanced Manufacturing Technology, 33(1-2): 95-102.

Kölsch M. 2004. Vision Based Hand Gesture Interfaces for Wearable Computing and Virtual Environments [D]. PhD. Dissertation, University of California, Santa Barbara.

Kukla C, Loibl H, Detter H, et al. 1998. Micro-injection Moulding——the Aims of a Project Partnership.Kunst-stoffe Plast Europe, 88(9): 6-7.

Kurata T, Kato T, Kourogi M, et al. 2002. A functionally-distributed hand tracking method for wearable visual interfaces and its applications [C]. IAPR Work-shop on Machine Vision Applications (MVA). Nara, Japan: 84-89.

Kurata T, Okuma T, Kourogi M, et al. 2000. VizWear: Toward human-centered interaction through wearable vision and visualization [C]. IEEE Pacific Rim Conference on Multimedia (ISWC), Beijing, China: 40-47.

Landolt D, Chauvy P F, Zinger O. 2003. Electrochemical micromachining, polishing and surface structuring of metals: fundamental aspects and new developments [J]. Electrochimica Acta, 48(20-22): 3185-3201．

Lee C, Lee J K, Hwang T T, 2000. Shi-ChunTsai.Compiler optimization on Instruction scheduling for low power [A].International Symposium on Systems Synthesis [C].USA: IEEE Computer Society Press: 55-60.

Mann S. 1998. Wearcam（the wearable camera）[C]. Second IEEE International

Symposium on Wearable Computers (ISWC), Pittsburgh PA, USA: 124.

Martin T, Jovanov E, Raskovic D. 2000. Issues inwearable computing for medical monitoring applications: a case study of a wearable ECG monitoring device [A]. IEEE ISWC.00 [C]. Atlanta: IEEE: 43-49.

Matthias G, Manuel WP, et al. 2009. Power Profile estimation and compiler-based Software optimization for mobile devices[J]. ournal of Embedded Computing, 3:231-239.

Meng F, Tong K Y, Chan S T, et al. 2009. Cerebral plasticity after subcortical stroke as revealed by cortico-muscular coherence[J]. IEEE Transactions on Neural Systems and Rehabilitation Engineering, 17 3: 234-243.

Mistry P, Maes P, Chang L. 2009. WUW-wear Ur world: a wearable gestural interface [C]. The 27th international Conference Extended Abstracts on Human Factors in Computing Systems (CHI). ACM, New York: 4111-4116.

Moeslund T B, Hilton A, Krüger V. 2006. A survey of advances in vision-based human motion capture and analysis [J]. Computer vision and image understanding, 104 (2): 90-126.

Moritz C T, Perlmutter S I, Fetz E E. 2008. Direct control of paralysed muscles by cortical neurons [J]. Nature, 456 (7222): 639-642.

Morris R. 2000. Scalable TCP congestion control, IEEE INFOCOM 2000, Nineteenth Annual Joint Conference of the IEEE Computer and Communications Societies, 3: 1176-1183.

Naiksatam S, Figueira S. 2007. Elastic Reservations for Efficient Bandwidth Utilization in LambdaGrids, Future Generation Computer Systems, 23 (1):1-22.

Natarajan P. 2009. SCTP: What, Why, and How [J]. IEEE Internet Computing, 13 (5): 81-85.

NOKIA developer. 2012. NOKIA developer wiki[OL]. http://www.developer.nokia.com/ Community /Wiki/NFC 的用例和工作原理 .

O'Doherty J E, Lebedev M A, Ifft P J. 2011. Active tactile exploration enabled by a brain machine-brain interface[J]. Nature, 479: 228-231.

Ohgi Y. 2002. Microcomputer-based acceleration sensor device for sports biomechanics-stroke evaluation by using swimmer's wrist acceleration [C]. Proceedings of IEEE Sensors: 699-704.

Ottenbacher J, Romer S, Kunze C, et al. 2004. Integration of a Bluetooth based ECG system into clothing [A]// Proceedings of the 8th International Symposium on Wearable Computers [C]. Arlington, VA: IEEE: 186-187.

Rajah K, et al. 2009. Advance Reservations and Scheduling for Bulk Transfers in Research Networks, IEEE Transactions on Parallel and Distributed Systems, 20 (11):1682-1697.

Smailagic A, Siewiorek D P, et al. 1998. Very rapid prototyping of wearable computers: A case study of vuMan 3 custom versus off-the-shelf design methodologies [J]. Journal on Design Automation for Embedded Systems, 3(2-3):219-232.

Song S J, Cho N, Yoo H J. 2007. A 012-mW 2-MbPs digital transceiver based on wideband signaling for human body communications [J]. IEEE JSSC，42 (9): 2021-2033.

Starner T, Weaver J. 1998. A pentland real-time american sign language recognition using desk and wearable computer based video [C]. IEEE Transactions on Pattern Analysis and Machine Intelligence (PAMI), 20 (12): 1371-1375.

Stokes C, Palmer P. 2006. 3d micro-fabrication processes: a review[J]. MEMS Sensors and Actuators, (11367): 289-298.

Sylvia S M, Keaton T, Sayed A H. 2006. A robust finger tracking method for multimodal wearable computer interfacing [J]. IEEE Transaction on Multimedia, 8 (5): 956-972.

Thaddeus R F, Fulford, Wei G Y, et al. 2004. A portable, low-power, wireless two-lead EKG system[A]// Proceedings of the 26th Annual International Conference of the IEEE EMBS [C]. San Francisco，CA: IEEE: 2141-2144.

Tiwari V, Malik S. 2001. Power analysis of embedded software: A first step towards Software Power minimization [A]. Readings in hardware/software co-design[C].USA: Kluwer Academic Publishers: 222-230.

Uhlmann E, Piltz S, Doll U. 2005. Machining of micro /miniature dies and moulds by electrical discharge machining—Recent development [J]. Journal of Materials Processing Technology, 167(2-3): 488-493．

Ukita N，Kidode M. 2004. Wearable virtual tablet: fingertip drawing on a portable plane-object using an active-infrared camera [C]. The 9th international Conference on intelligent User interfaces (IUI). ACM, New York: 169-176.

Urushidani S, et al. 2007. Layer-1 Bandwidth on Demand Services in SINET3, IEEE Global Telecommunications Conference, GLOBECOM '07.

Wang J Y, De Silva A, Yu Y Q, et al. 2004. New approach to enhance the accuracy of ECM high-precision short pulses ECM（HSPECM）[J]. Journal of Materials Processing Technology, 149(1-3): 382-383.

Wei G, et al. 2008. Distributed computing over optical networks [C], Optical Fiber Communication and National Fiber Optic Engineers Conference, OFC/NFOEC.

Wong A, Donagh D M, Kathiresan G, et al. 2008. A 1V, micropower system-on-chip for vita-l sign monitoring in wireless body sensor networks [A]. ISSCC Dig. Tech. Papers [C]. Sanfransico: IEEE:138-139.

Wong A, Kathiresan G, Chan C, et al. 2007. A 1Vwireless transceiver for an ultra low power SoC for biotelemetry applications[A]. Proceedings of ESSCIRC Dig Tech [C]. Munich: IEEE: 127-130.

Wu R, Chien A. 2004. GTP: Group transport protocol for lambda Grids [C], Proc. CCGrid, Chicago, Illinois.

Xiong C, et al. 2005. LambdaStream–a data transport protocol for streaming network-intensive applications over photonic networks [C] Proc., PFLDNet 2005, Lyon, France.

Yang J, Yang W, Denecke M, et al. 1999. Smart Sight: a tourist assistant system [C], International Symposium on Wearable Computers (ISWC) 73-78.

Yau D K, Lam S S. 1998. Migrating sockets-end system support for networking with quality of service guarantees, [J] IEEE/ACM Transactions on Networking, 6 (6).

Yoshihiro H. 2003. LIGA process-micromachining Technique Using Synchrotron Radiation Lithography and Some Indus- trial Applications [J]. Nuclear Instruments and Methods in Physics Research, 208 (2): 21-26.

Yu S, Tan D, Tan T. 2006. A framework for evaluating the effect of view angle, clothing and carrying condition on gait recognition [C]. 18th International Conference on Pattern Recognition: 441-444.

Yukia Tsukishima, et al. 2006. The first application-driven lambda-on-demand field trial over a US nationwide network, Optical Fiber Communication Conference and National Fiber Optic Engineers Conference, OFC.

Zelek J, Audette R, Balthazaar J, et al. 2000. A Stereo-vision system for the visually impaired [C]. IAPR Workshop on Machine Vision Applications (MVA): 379-382.